スポーツの世界は学歴社会

橘木俊詔／齋藤隆志
Tachibanaki Toshiaki / Saito Takashi

PHP新書

はじめに

日本社会では、高学歴の人ほどいい職業につき、高い地位や収入を手にする確率が高いというのが一般的な認識である。事実、企業において昇進が速い人や、トップにまで昇りつめる人には、高学歴で名門校の出身者が多い。

こうした特性が、スポーツの世界でも生きているのかどうかが、本書の大きな関心事である。だれもが、たぶんそうだろう、と認識しているとは思うが、そのことをデータを用いて徹底的に検証し、その理由について考察を加えている。

日本では、学校と企業がスポーツの団体競技を支えてきた。

学校では、野球、サッカー、ラグビー、バレーボール、バスケットボールなど、多くの団体スポーツが取り入れられている。これは、学生の体力増強を目的として体育の授業が行われたことと、他校との試合競技を行う運動部があったという2つの要素が大きな役割を果たしている。

ご存じのように、スポーツの多くは海外から移入されたものである。野球にしろ、サッカーにしろ、まず学校で定着し、全国に普及していった。そこで本書では、学校スポーツの歴史をふりかえり、強豪校と称される学校（その典型が早稲田大学）がどうやって誕生し、現在にいたっているかについて、幅広い視点から分析を行っている。

いっぽう、企業は、実業団というかたちで各種のスポーツ競技を行ってきた。日本で企業スポーツが盛んになったのは、企業のイメージアップや、応援などを通じて社員の一体感を高めるために積極的に取り組んだからである。ただ、ある時期から、一部のスポーツがプロ化の道を進むことになる。プロチームになれば、選手は高収入が得られるし、人気も出るため、多くの若者がプロチーム入りを望むようになった。

そうなると、どの高校や大学を卒業した選手が実業団やプロのチームに入り、どれだけ活躍しているかが関心の的となる。同時に、どの高校や大学がスポーツの強い学校となっているかにも関心が向くので、本書ではこれらについて徹底的に分析を行っている。

スポーツの強い学校になるには、運動部の指導方針や練習方法が重要であることはいうまでもないが、スポーツに秀でた生徒や学生をどれだけ集められるかも大きなポイントである。高校や大学のなかには、そうした人間を優先的に入学させ、スポーツ中心の学校生活を送らせているところもあるが、これが公平なのかどうか、教育の主目的である学業との両立という点からはどう解釈できるか、などについても論じている。

ところで、スポーツ選手のキャリアは比較的短い。プロスポーツで大成功した人は、現役生活が短くても高収入を手にするので問題はないが、大半のスポーツ選手は生活のために引退後も働かざるをえない。そこで、学校、実業団、プロでスポーツを終えた人が、そのあとの人生をどう送るのか、どういう職業についているのか、そこで学歴はどれだけ生きているのかを分析する。

とくに注目したのは、どういう人が監督やコーチといった指導者になっているのか、ということである。経営学では、企業のトップになる人物についての分析が重ねられているが、それと同じ理論がスポーツの世界でも成り立っているのか、興味を引かれるからである。

本書の著者は2人とも、教育、昇進、賃金、働く意欲などについて分析する労働経済学を専門としている。また、ともにスポーツ好きを自認している。そこで、経済学でわかっていることが、スポーツの世界でどれだけ当てはまるのかという知的探究心から本書は生まれた。

とはいえ、2人ともスポーツを実践したことはないので、スポーツ選手から見ると知識不足を露呈《ろてい》しているかもしれないことをお断りしておく。

本書で扱うスポーツは、プロとアマを含めた野球、サッカー、ラグビー、マラソン（駅伝）、相撲などである。このうち、野球、サッカー、ラグビーは団体競技の典型であり、学校、企業、地域などで熱心に取り組まれているため、それだけ注目度も高い。とくに、野球とサッカーはプロ組織が定着していることもあり、議論の対象として価値が大きいといえる。

なお、歴史的な経緯から、男性中心のスポーツに限定せざるをえなかったことをお断りしておく。ただ、女子バレーボールはいうにおよばず、近年は女子サッカーの人気が高まっていることもあり、女性スポーツについての分析は今後の注目事項であろう。

本書を繙《ひもと》いてほしいのは、スポーツ実践者と愛好者は当然として、経済や経営に関心のある学生、企業人、学校関係者である。とくにプロ野球好きの人には、データを読む楽しさを感じてもらえるように工夫を凝《こ》らした。また、スポーツにそれほど関心がない人にとっても、社会評論として興味深く読める内容となっている。

つまるところ、スポーツの世界は実力第一で、学歴で決まるわけではないようでいて、やはり学歴があるに越したことはないのである。

目次◉スポーツの世界は学歴社会

3＝スポーツ界における名門校

4＝プロスポーツで有利に働く学歴・学校歴

第2章 スポーツの発展と学校スポーツ

第3章 スポーツ指導者に学歴や学校歴は必要か

1＝スポーツ指導者になるために学歴は重要か？

2＝スポーツ指導者になる人の学歴と学校歴

3＝プロ野球の指導者と学歴・学校歴

4＝優秀な指導者を育成するために

第4章 スポーツを終えたあとの人生

1＝卒業後のスポーツ選手の人生

2＝引退後のプロ選手はどこへ行く？

第5章　高校・大学におけるスポーツ優遇策の功罪

1＝早稲田大学のスポーツ優遇策を検証する

第1章

スポーツ界における学歴と学校歴

1　スポーツ選手が大学に進学するメリット

田中将大と斎藤佑樹の対照的な選択

プロ野球の2011年シーズンが開幕した当初、東北楽天の田中将大《まさひろ》と、デビューしたばかりの北海道日本ハムの斎藤佑樹とのライバル対決が話題となった。

野球ファンならご存じのように、田中はルーキーイヤーの2007年に11勝をあげて新人王を獲得し、09年には野球のワールドカップであるWBC（World Baseball Classic）でも活躍を見せた。そして、11年には球界のナンバーワン投手に贈られる沢村栄治賞をはじめタイトルを総なめにし、史上最年少の23歳の若さで年俸が3億円を突破した（金額は推定）。

いっぽうの斎藤は、さわやかなイケメンのイメージで入団直後から注目を浴びつづけ、キャンプには多数のファンが詰めかけた。斎藤が初登板・初先発した試合はテレビ中継され、札幌地区で瞬間最高視聴率37パーセントを記録し、さらにオールスターゲームにも出場するなど、人気では田中に見劣りしない。斎藤のルーキーイヤーの成績は6勝6敗でプロ1年目としては合格点といえるだろうが、2年目である12年シーズンにおける野球選手としての実力では、田中に大きな差をつけられているのは明らかである。

田中（駒澤大学附属苫小牧《とまこまい》高校）と斎藤（早稲田実業学校高等部）の対決は、高校時代から続いている。2人がともに3年生で迎えた2006年の全国高等学校野球選手権大会（夏の甲子園）で決勝戦を戦い、延長15回を投げ抜いて引き分け再試合となる熱戦をくりひろげた。そして、翌日行われた再試合でも投げ合い、最後は斎藤が田中から三振を奪って早稲田実業が優勝し、斎藤に軍配が上がったことをご記憶の方も多いだろう。

この年のドラフト会議では、田中がプロ入りを志望し、楽天から1位指名を受けて入団したが、斎藤は早稲田大学に進学するためプロ志望届を提出しなかった。2人の対照的な進路選択は、当時、大きな話題となった。

すなわち、早くプロ入りして高いレベルでの実戦経験を積むべきなのか、あるいは、大学に進学してプロで通用するかを見極めたり、大卒の資格を得て幅広い選択肢を確保したりするほうがいいのか、ということである。

早稲田大学に進んだ斎藤は東京六大学野球リーグでもスターとなり、1年生投手としてはじめてベストナインに選ばれるなど、めざましい活躍を見せた。そして、2010年のドラフト会議で4球団から1位指名を受けている。大学野球での活躍は十分に認められたわけで、早稲田での4年間は無駄ではなかったといえるだろう。

ちなみに、この年のドラフト会議では、早稲田の大石達也と福井優也がそれぞれ西武と広島から1位指名を受けて入団し、早大野球部の実力を見せつけた。

ただ、現時点でのプロでの実績を見ると、高校からプロ入りした田中が圧倒しており、斎藤はまだそこまで到達していない。

スポーツ選手が大学に進学するメリットとは

では、高校野球で活躍してプロから注目されるような選手が、大学に進学するメリットはどのくらいあるのだろうか。

そのことを考えるにあたり、まずはスポーツ選手ではない場合で考えてみよう。この場合、大学に進むかどうかを、そこで何かを学ぶという学業の面ではなく、経済的な側面だけで決めるとすると、大学へ行くことで得られるベネフィットと、大学へ行くことでかかるコストを比較し、前者が後者を上まわるようなら大学へ行くと考えるのが自然だろう。

単純に考えれば、大卒労働者がもらう賃金と高卒労働者がもらう賃金の差がベネフィットである。いっぽう、コストとは、大学での学費、教材費、通学費などに、高校卒業後、就職していたらもらえたはずの4年間の所得（これを放棄所得という）を加えたものである。

ちなみに、日本の場合、大卒労働者の賃金（男女・全年齢を合わせた平均年収）は高卒労働者の1・47倍である（『教育と格差』橘木俊詔・八木匡共著、日本評論社）。これは、アメリカの1・64倍、ドイツの1・49倍、あるいはイギリス、フランスと比較すると低いが、この格差（ベネフィット）が大学へ行くことでかかるコストよりも大きければ、大学進学は割に合うことになる。

コスト・ベネフィット分析を厳密に行うには、大学教育を一種の投資ととらえて、その収益率を計算する方法がとられる。つまり、大学教育にかかる費用を投資し、就職後は高卒と大卒との賃金格差ぶんを定年まで受け取る、という金融商品を想定する考え方である。

やや古いデータだが、内閣府が2005年にまとめた『平成17年版 国民生活白書』によれば、1975（昭和50）年生まれの男性大卒者の投資収益率は5・7パーセントである。バブル経済崩壊後、歴史的な超低金利（2012年10月現在、銀行普通預金金利は0・02パーセント）が続く日本においては、相対的に高い収益率をもたらしてくれる投資先といえるだろう。

『学歴格差の経済学』（橘木俊詔・松浦司共著、勁草書房）によれば、大学教育がなぜ賃金を高めるかを説明するものとして、大きくは次の2つの理論がある。

①人的資本理論

教育を受けて知識を得ることで個人の生産性が上昇し、その結果、高い収入が得られるというもの。

②シグナリング理論

労働者は自分の能力を知っているが、企業が労働者の能力を知らないという情報の非対称性がある状況では、労働者が自分の有能な能力を証明するために、有能ではない労働者には獲得することが難しい高い学歴を獲得するというもの。つまり、大学教育が生産性を高めるから賃金が高くなるのではなく、もともと能力の高い労働者が高い学歴を得ていて、企業がそうした労働者を選別しているからこそ賃金が高い、と考えるのである。

さて、これまでの議論をふまえて、スポーツ選手の大学進学について考えてみよう。

まず、大学進学のメリットである学歴間の賃金格差については、スポーツの世界では大卒か高卒かで賃金の格差がつくとは考えにくい。高卒でも実力さえあれば、高収入を得ることができる。

大学に進んだ場合、コストのなかで大きな比率を占める学費が免除される可能性もあるが、プロの世界で成功して得られる高収入にくらべれば微々《びび》たるものだろう。それより、プロにならなかった場合、大学進学によって失われる所得のほうが大きいかもしれない。

シグナリング理論についても、大学に進学した場合、高校卒業時点ではプロとして通用しなかったというレッテルを貼られることにもなりかねず、かえって逆効果かもしれない。

これらをまとめると、コスト・ベネフィット分析からすれば、高校卒業の時点でプロで通用する見通しが立っているのなら、大学へ行く必要はなさそうに思える。ただ、才能ある選手であっても、ケガなどによって途中で挫折する可能性はある。

また、プロで成功したとしても、第2の人生において、より幅広い選択肢を確保することは重要である。引退したあと、そのスポーツと直接かかわりのない仕事につく場合を考えると、一般人と同じように、先にあげた人的資本理論やシグナリング理論の説明が当てはまるケースが出てくる。

こうした理由から、高校卒業時点でプロで通用すると思われる選手が、大学に進学することはよくある。大学進学が引退後の進路を広げるかどうかについては、第4章で検討する。

「狭き門」と化す企業スポーツ

ところで、高校卒業時点でプロとして通用する見込みがなくても、大学ではなく企業スポーツに入るという選択肢もある。

この場合、プロで成功したときほどの報酬は得られないが、社会人としての報酬は手に入るし、企業スポーツからプロ入りという道もある。これがうまくいかなくても、選手を引退したあと、その企業で働ける場合もある。

ただし、日本ではバブル経済崩壊後、企業の〝リストラ〟(不採算事業や部署の縮小にともなう人員削減)が進み、名門企業のスポーツチームが次々と解散に追い込まれている。たとえば野球では、プロにも人材を輩出していた名門、熊谷組やプリンスホテル、バレーボールでは日立製作所、ラグビーでは新日本製鐵釜石が有名である。

トヨタ自動車の荻野勝彦人事部担当部長(当時)がまとめた「企業スポーツと人事労務管理」(「日本労働研究雑誌」2007年7月号、労働政策研究・研修機構)によれば、1991年から2006年3月末までに306の企業スポーツチームが撤退したという。

しかも、非常に皮肉なことに、チームが名門、強豪であるほど、リストラの対象にされやすいという。名門・強豪チームは世間から注目されており、その廃部は企業のリストラや「株主重視」にかける熱意をPRするのにうってつけだからである。そして、景気が回復したとしても、チーム再開を考えている企業は3パーセントにすぎないというアンケート結果が紹介されている。

したがって、長期にわたるデフレと低成長が続く日本では、今後、企業スポーツが復権していくことは困難な状況にあるといえる。つまり、「企業スポーツに進む」という選択肢は、以前よりとりづらくなるだろう。

また、企業スポーツを続けている企業側でも、選手が引退したあと、自社の従業員として働くことを期待しないケースが多くなっている。もし働きつづけるのであれば、採用にあたって、スポーツの実力に加えて学歴や企業人としての能力も重視されることになるだろう。そうなると、高卒の選手にとって、企業スポーツはより狭き門となる可能性が高い。

以上の2点から、高校卒業時点でプロとして通用する見込みのない選手は、企業スポーツよりも大学進学にメリットを見出す傾向が強まっていると予想される。

2 スポーツ選手の学歴構成

いまやプロ野球選手の半数が大卒

ここでは、いくつかの競技をあげて、スポーツ選手の学歴を見ていくことにするが、その前に、一般の勤め人の学歴構成を確認しておきたい。本書では、おもに男性のスポーツ選手を取り上げているので、男性の統計に注目する。

学歴を議論するうえでよく用いられる大学進学率は、戦後ほぼ一貫して上昇しつづけ、いまや50パーセントを超えている（次ページの図参照）。ただ、これはあくまでも調査対象年に高校を卒業した者のうち、大学に進学した者の割合である。

労働者全体の学歴構成は、「就業構造基本調査」（総務省統計局）から得ることができる。2007年の調査では、男性有業者の大卒比率は32・1パーセントであった。この統計では、中途退学者は大卒から除かれているので、大学進学率より低めに出ることに注意していただ

日本の大学進学率（男性）の推移

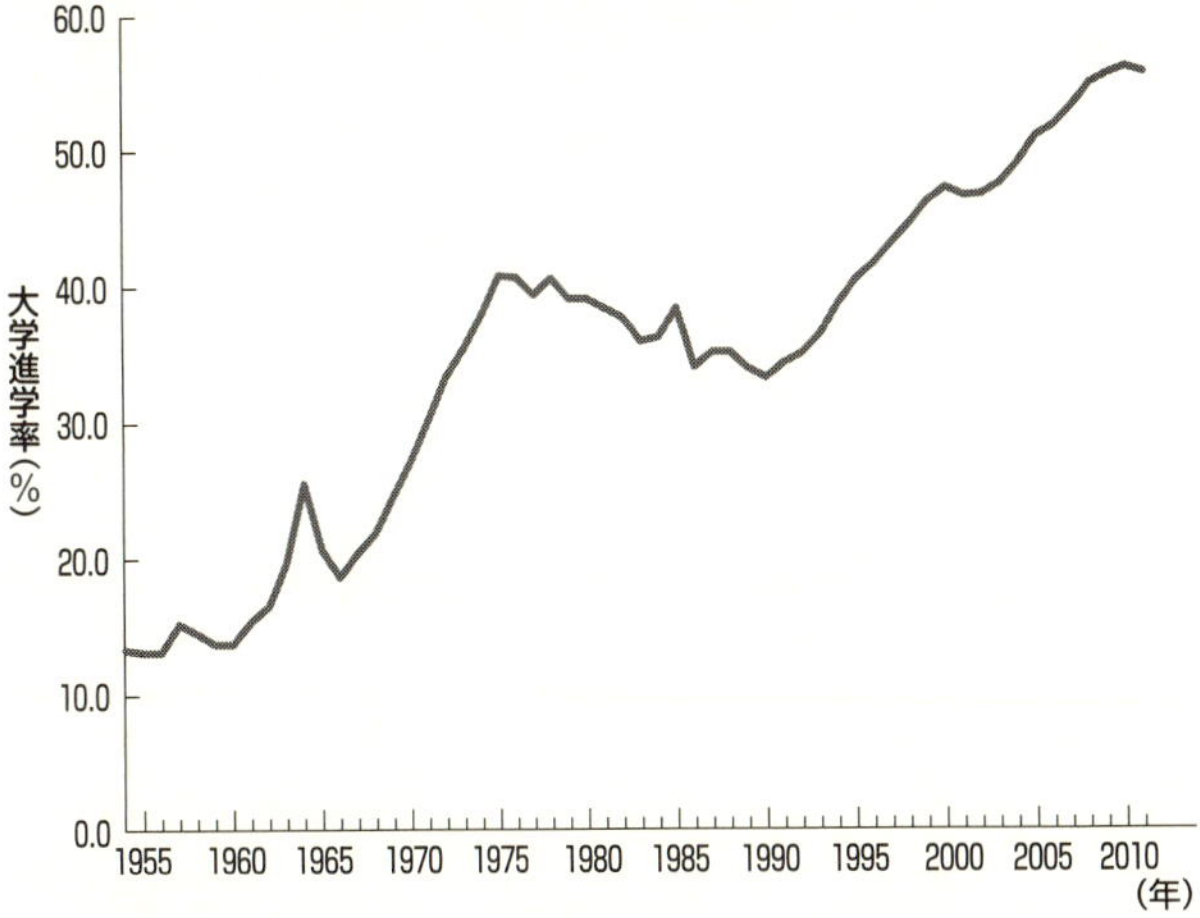

出所）文部科学省『学校基本調査』より筆者作成

きたい。なお、日本の大学生の中途退学率は10パーセント程度である。

また、労働者全体のデータには、若い世代だけではなく、大学進学率が低かった上の世代も含まれるため、大卒の比率が低くなるのは当然である。

次に、プロ野球選手の学歴構成を見てみることにしよう。データは、「日刊スポーツ」のホームページから得た数字を参考にしている。

２０１１年シーズンの時点で、ドラフト会議の指名を受けてプロ野球チームに入団した現役選手は７１８人である。このうち、49パーセントにあたる３５２人が大卒である。

この数字は、中途退学者を含んでいること、また現役選手のデータであるため、大学進学率が相当高い20〜30代が多いことに注意しなければならないが、プロ野球選手の大卒比率は、一般の労働者と同等以上であることがうかがえる。

『プロ野球選手のデータ分析』（中山悌一著、ブックハウスHD）によると、1950〜2009年の全プロ野球選手の学歴構成は、1958〜98年の40年間に、大卒の占める割合が21パーセントから30パーセントに増加、さらにその後の10年間で急激に上昇し、2009年には46・2パーセントに達したという。

逆に、高卒の選手は、同時期に73・8パーセントから急激に下落して53・2パーセントとなっており、プロ野球では高卒と大卒の数がほとんど同じくらいになっている。

さらに、中山氏は新人選手の学歴についても調査し、2002年には大卒の選手が全体の51・2パーセントに達し、高卒の割合を抜いている、と指摘している。

この現象は2006年まで続いたあと、2007年にはふたたび高卒選手の割合が高まったが、いずれにせよ、新人選手の場合でも、高卒と大卒の人数はほとんど変わらないといえる。

プロ野球は、日本ではサッカーと人気を二分するようになってきたが、それでも年俸はほかのスポーツにくらべてまだまだ高い。したがって、高校卒業時点においてプロで通用する実力があれば、大学に進学するメリットは小さいはずだ。

ただ、高卒で採用される選手の多くは、プロ入りして即1軍レギュラーとはいかず、ファーム（2軍）でじっくり育成されることが多い。高卒で即戦力になる選手は、メジャーリーグでも通用するレベルの松井秀喜や松坂大輔のほか、200勝投手の堀内恒夫、2000本安打を達成した立浪和義などがいるものの、ごくわずかである。2軍の選手の年俸はそれほど高くないので、大学進学をあきらめてまでプロ入りする魅力は薄いだろう。

紆余曲折を経たJリーグと大学サッカー

次に、サッカー選手の学歴構成を見ておこう。データは、『Jリーグオフィシャル・ファンズ・ガイド2011』（日本プロサッカーリーグ）から入手した。

2011年シーズンの時点で、日本プロサッカーリーグ、通称、Jリーグ（J1、J2）に所属している選手のうち、日本のユース（Jリーグ傘下のサッカークラブに所属する高校生年代対象のチーム）、高校、大学の出身者は953人である。このうち、39・2パーセントにあたる374人が大卒である。したがって、大卒選手の割合は、プロ野球よりやや低い。これは、大学を経由せずにユースや高校サッカーから直接、Jリーグ入りする選手のほうがエリートと見られる傾向が強いからだろう。

ちなみに、J1とJ2の大卒選手の比率を比較すると、J1は32・5パーセント、J2は45・5パーセントであり、J2のほうが10ポイント以上高いことがわかる。

いっぽう、ヨーロッパのトップリーグでは、大卒のプレーヤーはほとんど見当たらない。これは、大学スポーツが盛んで、大卒のプレーヤーが多いアメリカのプロスポーツ界（メジャーリーグ、アメリカンフットボール、バスケットボール、アイスホッケー）とは対照的である。

プロ野球にくらべると大卒の割合は低いものの、世界的に見れば、日本のプロサッカー選手の大卒比率は高いといえる。ただし、プロ野球とは違って、Jリーグの場合は大学出身者の割合が順調にふえつづけてきたわけではないようだ。

その経緯について、吉村憲文氏が「復活！大学サッカー」と題するコラムでくわしく論じているので、これを参考にしながら、Jリーグと大学サッカーの関係を追ってみよう（「第1回 その衰退と復活の足音」、「ウェブマガジンｓｆｅｎ」）。

まず、Jリーグが発足するまでは、有力高校と強豪大学の関係が強固であったため、実力のある選手は大学で鍛えられてから、Jリーグの前身である日本サッカーリーグへ、という流れがあった。これは、バブル経済が崩壊する前なので、まだ企業スポーツが隆盛だった時期であり、サッカーで大企業に就職する手段として大学進学が用いられていたという背景があった、と吉村氏は指摘する。

さらに、吉村氏は、その後のバブル経済の崩壊により企業スポーツが衰退し、入れ替わるようにブームを迎えてクラブの財政が潤ったJリーグが、高校の有力選手を根こそぎもっていった、そのため、大学サッカーが衰退の道を歩むことになった、と分析している。

そして、Jリーグの各クラブがユースをもつことが義務づけられたため、優秀な選手が高校サッカーからユースへ移ってしまい、高校から大学へ進学する選手が減ったことも、大学サッカーの衰退に拍車をかけたとしている。

ところが、Jリーグブームが終焉《しゅうえん》すると、観客動員数が減少し、テレビ放映権料が激減したことにより、クラブの経営体力が削《そ》がれ、リストラの波が選手たちを襲った。2軍にあたるサテライトリーグの試合数が減少し、若手選手の出場機会は減っていった。せっかくプロ入りしたものの出場の機会もろくに与えられず、わずか1年で解雇される選手が続出した。

そこで、あらためて、大学サッカーが育成機関として見直されるようになった。浦和レッズの元Jリーガー、福田正博氏は、Jリーグはヨーロッパのビッグクラブとは違ってセカンドチームをもてないので、大学がセカンドチームの代わりになっている、と指摘する(「フォーメーション進化論」、「web Sportiva」2011年9月12日)。

また、石井紘人《はやと》氏は、「大学サッカーインサイドレポート 大学経由がJの熱視線を浴びるわけ」(「週刊サッカーダイジェスト」2009年3月3日号、日本スポーツ企画出版社)と題する記事のなかで、大学の選手権は1年で22試合をこなすほか、控え選手のためのリーグや全国大会もある、と強調している。

高校卒業時点ではプロとして通用するかどうか不明確な選手は、大学に進学したほうが試合経験を積めるし、大学を出ていれば引退後のキャリア形成にも有利なことが見直されたからだと思われる。

もちろん、高校卒業時点でプロでも通用しそうな選手が、大学進学を選ぶケースもある。たとえば、2009年のU-18(18歳以下)日本代表のFW(フォワード)で、浦和レッズからオファーを受けていた赤崎秀平が筑波大学に進学したことは、大きな話題となった。赤崎はその後、2010年の関東大学リーグで得点王、新人賞、ベストイレブンを獲得するなど大活躍している。

また、2011年の冬には、アルビレックス新潟ユースのMF(ミッドフィルダー)、早川史哉も筑波大学に進学を決めている。早川は、「2011U－17ワールドカップ」で日本代表として5試合に出場し、3得点をあげるなど、世界の舞台でも活躍していたが、将来、教職を志望していることもあって大学進学を決断したのである。

なお、あとで示すように、筑波大学はサッカーの強い「文武両道」の大学である。

トップリーグのラグビー選手はほぼ全員が大卒

日本ラグビーの最高峰に位置するのが、企業スポーツチームの強豪が集うジャパンラグビートップリーグである。会社員の選手が多いので純粋のプロリーグとはいえないが、プロ契約を結んでいる選手もいる。

そこで、2012年2月時点でジャパンラグビートップリーグに所属する14チームの選手の学歴構成を確認しておこう。

ジャパンラグビートップリーグの公式サイト（チーム情報）には667人の選手が紹介されている。このうち、95人は外国の学校を出ているので除外すると、572人中554人、約97パーセントが大卒の選手であった。

これまで見てきた野球やサッカーとくらべると圧倒的に大卒が多いが、その理由は大きく

2つ考えられる。

⑴純粋のプロリーグではなく、企業スポーツチームであるため、企業が選手を採用するさいに、たんに運動能力だけではなく、大卒という学歴を求める可能性が高い。

⑵選手の立場からすると、ラグビーで成功しても野球やサッカーほどの年俸が得られるわけではないので、高校卒業時点でトップリーグで活躍できる見込みがあったとしても、大学進学をあきらめてまでラグビーの道に進むメリットが小さい。

ただし、いまから30～40年前の、大学進学率がまだそれほど高くなかったころは、企業スポーツチームにも高卒のラグビー選手がかなり存在した。その代表が新日本製鐵釜石である。このチームは、日本ラグビーフットボール選手権大会で大学チーム代表として明治大学、早稲田大学、同志社大学などが出てくると、ことのほか闘志をむき出しにしたというエピソードがある。ついでながら、1985（昭和60）年の新日鐵釜石と同志社の決勝戦は歴史に残る名勝負であった（31対17で釜石の勝利）。

ところで、サッカーやラグビーの発祥の地、イギリスにおいては、サッカーはいまだに労働者階級のスポーツであり、ラグビーは中流階級のスポーツだとする文化が存在している。そして、労働者階級と中流階級をくらべると、大学進学率は後者のほうがずっと高いし、将来つける職業も異なる。こうした文化の違いが、スポーツ選手の学歴にも影響を与えていると思われる。

イギリスではもともと、サッカー選手にはほとんど大卒がいないのに対し、ラグビー選手には大卒が多かった。有名なケンブリッジ大学やオックスフォード大学はラグビーの名門校でもある。

ただし、イギリスでラグビーがプロスポーツ化した1995年以降は、高卒の選手が増加したという。これはプロ化によって報酬が上昇したため、高校卒業時にプロで通用する実力がある場合、プロ選手になったほうが大学に進学するよりもメリットが上まわる可能性が高くなったからだろう。

大卒が大半を占める駅伝

プロスポーツではないが、元旦に行われるニューイヤー駅伝（全日本実業団対抗駅伝競走大会）は、1月2日と3日に開催される箱根駅伝（東京箱根間往復大学駅伝競走）と並ぶ、人気の高いスポーツである。高校や大学でトップレベルだった選手が、文字どおり駅伝日本一を競い、レベルの高いレースをくりひろげる。

それでは、『ニューイヤー駅伝2012 inぐんま 公式ガイドブック』(毎日新聞社)のデータから、出場37チームの選手の学歴構成を確認してみよう。

ガイドブックには、出場が予想される選手として517人が紹介されている。このうち、21人は外国の学校を出ているので除くと、496人中369人、つまり74・4パーセントが大卒である。

この駅伝選手に大学出身者が多い理由も、先のラグビーと共通する。すなわち、あくまで企業中心のチームであるから、企業側にとっては、駅伝を引退したあと働いてもらうことを考えると、大卒の選手を採用したほうがメリットは大きいといえる。

また、選手側としても、よほどレベルの高い選手でないかぎりは、高卒で社会人となり、駅伝やマラソン、あるいは長距離走で成功した場合に得られる所得が、大学に進学した場合のベネフィットを上まわる見込みは低い。それに、駅伝では、何といっても大学駅伝、それも箱根駅伝が圧倒的に知名度が高く、ここで活躍することが実業団に入るための道筋となる。

しかし、高卒選手の活躍がないわけではない。寺田辰朗氏は、「〝高卒選手+大卒選手〟がトヨタ自動車勝利の方程式」と題するコラムで、高卒選手を積極的に採用している実業団の事例をあげて、旭化成やトヨタ自動車など高卒選手をしっかりと育てているチームが実際に結果を出していることを示している。大卒選手と高卒選手が刺激し合うことで、お互いの成長がうながされるのだという（TBSテレビ「ヤマザキ新春スポーツスペシャル『ニューイヤー駅伝2012』」2011年12月29日）。

大相撲も大学出身者がふえている

日本の国技である大相撲は、千代の富士（第58代横綱）や貴乃花（第65代横綱）をはじめとして、中卒の力士が多い。

『大相撲の経済学』（中島隆信著、ちくま文庫）に、2008年の初場所までに引退した幕内力士180人の学歴が紹介されている。これによると、中卒が72パーセントを占め、高卒は13パーセント、大卒は15パーセントと少数派であったことがわかる。

しかし、近年は、大卒の関取が通算100人になるなど、高学歴の力士が増加傾向にあるようだ。

2012年の初場所では、関取は70人を数える。このうち、外国の学校を出た16人を除くと、54人中24人、つまり44・4パーセントが大卒である。高卒は15人で27・8パーセント、中卒も同じく15人で27・8パーセント。つまり、関取は大卒が半数近くを占めており、大相撲でも高学歴化が進んでいるのである。
相撲の世界は番付《ばんづけ》にもとづく厳格な階級制度になっているため、中卒で初土俵を迎えた力士は最下層からスタートすることになる。しかし、学生相撲などのアマチュア相撲で活躍した場合は、次のように地位が優遇される〝ボーナス〟が与えられる（幕下付出《つけだし》）。

◉幕下15枚目格付出

義務教育を終了した25歳未満の男子で、全日本相撲選手権大会、全国学生相撲選手権大会、全日本実業団相撲選手権大会、国民体育大会相撲競技（成年男子）のいずれかに優勝した場合。

◉幕下10枚目格付出

全日本相撲選手権大会の優勝に加え、ほかの3大会のいずれか1つ以上に優勝すると、さらに高い地位が認められる。
つまり、中卒でデビューして下積み生活を味わう必要がないため、高校や大学に進学することは力士にとってメリットが大きい。ただ、2000年以前の基準とくらべるときびしくなっているため、幕下付出制度だけを見れば大学進学のメリットは低下している。それにもかかわらず、大学出身者が多数を占めている要因には、大きく2つある。

1つは、相撲引退後の進路を考えてのものだ。やや極端な例だが、2011年に引退した舛名大《ますめいだい》は、四股名《しこな》のとおり、名古屋大学工学部の出身である。2006年に初土俵を踏み、5年後に引退。その後、中日新聞社に就職し、現在は同社の記者である。新聞社など大手マスコミに就職するには一流大学を出ていなければ困難だといわれるが、舛名大はその資格を十分に満たしていたのである。

もう1つは、親方自身の高学歴化である。力士をスカウトするうえで、大学出身の親方なら、自分と同じように大学を出ている力士を獲りたがるだろうし、同じ大学の後輩なら、なおさらである。指導者の学歴については、あとの章でくわしく述べる。

3　スポーツ界における名門校

プロ野球選手を輩出する名門校

ここからは、具体的に、どの学校が名門校であるかを調べてみよう。

ここで、名門校とは、プロ選手を多数輩出している高校や大学、あるいは、全国大会での優勝回数が多い高校や大学を指すものとする。

プロ野球の２０１１年現在の現役選手について、出身高校別にまとめたのが次ページ、出身大学別にまとめたのが41ページの表である。高校のデータには、大学出身者や社会人経験者が含まれている。つまり、大学出身者は高卒者でもあるので、１人で２度登場する場合もある。同様に、大学のデータには社会人経験者や中途退学者も含まれる。

さて、高校では、ＰＬ学園、横浜、広陵、大阪桐蔭、帝京といった甲子園の常連校が上位を占めている。これら5校を含め、５人以上の現役選手を輩出している33校のほとんどが私

プロ野球選手（現役）出身高校ランキング

順位	高校名	地域	公立○・私立●	輩出人数
1	PL学園	大阪	●	17
2	横浜	神奈川	●	15
3	広陵	広島	●	12
4	大阪桐蔭	大阪	●	11
4	帝京	東京	●	11
6	東海大学付属相模	神奈川	●	9
6	報徳学園	兵庫	●	9
8	桐蔭学園	神奈川	●	8
8	福岡工業大学附属城東	福岡	●	8
10	日南学園	宮崎	●	7
11	常総学院	茨城	●	6
11	県立岐阜商業	岐阜	○	6
11	浦和学院	埼玉	●	6
11	春日部共栄	埼玉	●	6
11	仙台育英学園	宮城	●	6
11	智辯学園和歌山	和歌山	●	6
11	福井商業	福井	○	6
18	愛知工業大学名電	愛知	●	5
18	中京大学附属中京	愛知	●	5
18	宇和島東	愛媛	○	5
18	関西	岡山	●	5
18	中京	岐阜	●	5
18	龍谷大学付属平安	京都	●	5
18	熊本工業	熊本	○	5
18	桐生第一	群馬	●	5
18	尽誠学園	香川	●	5
18	明徳義塾	高知	●	5
18	山梨学院大附属	山梨	●	5
18	船橋（市立）	千葉	○	5
18	千葉経済大学附属	千葉	●	5
18	東福岡	福岡	●	5
18	智辯学園	奈良	●	5
18	北照	北海道	●	5

立高校である。

公立高校でランクインしているのは、6人を輩出している県立岐阜商業、福井商業、5人を輩出している宇和島東、熊本工業、船橋（市立）の5校のみである。また、3大都市圏（首都圏、中京圏、近畿圏）に位置する高校が21校あり、全体の3分の2近くを占めている。

3大都市圏以外では、中国、四国、九州の西日本勢が多く、北海道と東北はそれぞれ1校ずつである。

大学では、青山学院大学と早稲田大学がともに22人の選手を輩出して1位、次いで亜細亜大学、近畿大学、東北福祉大学、東洋大学、駒澤大学、法政大学、日本大学、明治大学、東海大学が10人以上の現役選手を輩出している。5人以上の現役選手を輩出した大学は23校あるが、すべて私立大学である。また、16校が首都圏の大学であり、高校よりも地理的な偏《かたよ》りが著《いちじる》しいのが特徴である。

そのほかの地域では、九州、それも福岡県の大学が3校ランクインしているのが目立つ。また、上位陣の一角に宮城県の東北福祉大学が食い込んでいる。

これらと比較すると、近畿大学と立命館大学の2校のみの近畿圏や、1校もランクインしていない中京圏は存在感が薄い。高校ランキングではこれらの地域が上位を占めているため、

プロ野球選手（現役）出身大学ランキング

順位	大学名	輩出人数
1	青山学院大学	22
1	早稲田大学	22
3	亜細亜大学	16
4	近畿大学	14
4	東北福祉大学	14
4	東洋大学	14
7	駒澤大学	13
8	法政大学	12
9	日本大学	11
9	明治大学	11
11	東海大学	10
12	中央大学	9
13	国士舘大学	8
14	九州国際大学*	7
14	福岡大学	7
16	九州共立大学	6
16	國學院大學	6
16	創価大学	6
16	立命館大学	6
20	慶應義塾大学	5
20	国際武道大学	5
20	城西大学	5
20	八戸大学	5

*）八幡大学を含む

られる。

意外である。理由としては、中京圏出身の高校生が首都圏の大学に進学していることが考えられる。

さらに、過去のデータを見てみると、1965〜2010年のドラフトで指名され、入団した選手3158人の出身高校は43〜44ページ、出身大学は45ページの表のとおりである。

これを見ると、高校では、PL学園が64人を輩出して1位、横浜が48人を輩出して2位である。この順位は、現役選手の出身高校ランキングと同じである。3位は中京大学附属中京の28人だから、上位2校が圧倒的に多数の選手を送り込んでいる。

この期間に10人以上の選手を輩出した高校は55校あり、そのうち40校が私立高校である。公立高校では、熊本工業、箕島《みのしま》、津久見、静岡、銚子商業など伝統校が多く、過去には多くの選手を輩出したが、最近は私立高校に押されているようである。

大学では、法政大学が1位、早稲田大学が2位、駒澤大学が3位となっている。これは必然的に指導者層の学歴とも重なってくるが、それについては第3章でくわしく述べることにする。なお、この表には国公立大学が1校もないことにも注目したい。

大学の場合、現役選手と上位校の顔ぶれは似通っているものの、順位に若干《じゃっかん》の変動がある。現役選手の出身大学ランキングで1位だった青山学院大学は、このランキングでは11位

プロ野球選手(1965〜2010年)出身高校ランキング①

順位	高校名	地域	公立○・私立●	輩出人数
1	PL学園	大阪	●	64
2	横浜	神奈川	●	48
3	中京大学附属中京*	愛知	●	28
4	柳川**	福岡	●	27
5	上宮	大阪	●	25
6	広陵	広島	●	24
7	東北	宮城	●	23
8	熊本工業	熊本	○	22
9	育英	兵庫	●	21
9	大阪桐蔭	大阪	●	21
9	桐蔭学園	神奈川	●	21
9	龍谷大学付属平安	京都	●	21
9	報徳学園	兵庫	●	21
14	愛知工業大学名電***	愛知	●	20
14	仙台育英学園	宮城	●	20
14	帝京	東京	●	20
14	天理	奈良	●	20
14	東海大学付属相模	神奈川	●	20
19	北陽****	大阪	●	17
19	箕島	和歌山	○	17
19	明徳義塾	高知	●	17
22	享栄	愛知	●	16
22	津久見	大分	○	16
22	日本大学第三	東京	●	16
25	浦和学院	埼玉	●	15
25	静岡	静岡	○	15
27	近畿大学附属	大阪	●	14
27	銚子商業	千葉	○	14
27	東邦	愛知	●	14
30	鹿児島実業	鹿児島	●	13
30	九州学院	熊本	●	13

プロ野球選手（1965～2010年）出身高校ランキング②

順位	高校名	地域	公立○・私立●	輩出人数
30	大阪体育大学浪商*****	大阪	●	13
33	沖縄水産	沖縄	○	12
33	星陵	石川	●	12
33	中京******	岐阜	●	12
33	広島商業	広島	○	12
33	松山商業	愛媛	○	12
38	春日部共栄	埼玉	●	11
38	関西	岡山	●	11
38	高知商業	高知	○	11
38	樟南*******	鹿児島	●	11
38	尽誠学園	香川	●	11
38	早稲田実業学校	東京	●	11
38	習志野	千葉	○	11
38	鳴門	徳島	○	11
38	前橋工業	群馬	○	11
47	岡山東商業	岡山	○	10
47	興南	沖縄	●	10
47	静岡商業	静岡	○	10
47	拓殖大学紅陵	千葉	●	10
47	智辯学園	奈良	●	10
47	鎮西	熊本	●	10
47	徳島商業	徳島	○	10
47	阪南大学高********	大阪	●	10
47	松商学園	長野	●	10

注）1965～2010年のドラフト会議にて指名され、入団した選手を対象としている。育成枠を除く
*）中京商業を含む
**）柳川商業を含む
***）名古屋電気工業、名古屋電気高校を含む
****）現・関西大学北陽
*****）浪商高校を含む
******）中京商業を含む
*******）鹿児島商工を含む
********）大鉄を含む

プロ野球選手(1965〜2010年)出身大学ランキング

順位	大学名	輩出人数
1	法政大学	78
2	早稲田大学	62
3	駒澤大学	57
4	明治大学	47
5	近畿大学	46
6	亜細亜大学	45
7	中央大学	44
8	東北福祉大学	40
8	東洋大学	40
10	東海大学	39
11	青山学院大学	35
12	日本大学	34
13	専修大学	28
14	立命館大学	21
15	慶應義塾大学	20
15	立教大学	20
17	国士舘大学	19
18	大阪商業大学	18
18	龍谷大学	18
20	東京農業大学	14
20	福岡大学	14
22	神奈川大学	13
22	九州共立大学	13
22	同志社大学	13
25	愛知学院大学	12
25	九州産業大学	12
27	九州国際大学*	11
27	城西大学	11
29	國學院大學	10
29	創価大学	10

*）八幡大学を含む

になっていることから、近年大きく実力を伸ばしたことがうかがえる。
『ドラフト下位指名ならプロへ行くな！』（実業之日本社）の著者、泉直樹氏は、青山学院大学出身の選手は選手寿命が長く、また、身長175センチ以下でプロ野球選手としては体格に恵まれないにもかかわらず活躍している選手が多い、と指摘している。そして、河原井《かわらい》正雄監督の指導のもとで練習方法や練習量を自主的に考えて決定する能力を養ってきたことが彼らの成功の源となっている、と分析している。

現役選手の数では存在感が薄かった近畿圏の大学だが、過去のデータを含めると、近畿大学、立命館大学に加え、大阪商業大学、龍谷大学、同志社大学もランクインしており、存在感が増す。いっぽう、中京圏では、愛知学院大学が12人を輩出しているほかは、10人以上のプロ野球選手を出している大学はない。

そのほかの地方では、東北福祉大学が40人を輩出してランキング上位に位置していることや、福岡県の4大学（福岡大学、九州共立大学、九州産業大学、九州国際大学）がそれぞれ10人強の選手を出していて、現役選手のランキングとほぼ共通した結果となっている。

Jリーガーを輩出する名門校

次に、Ｊリーグの現役選手（２０１１年現在）の学歴を見てみよう。出身高校別にまとめたのが49ページ、出身大学別にまとめたのが50ページの表である。

高校の１位は船橋（市立）で、25人のＪリーガーを輩出している。２位は国見で19人、３位は清水商業（13年度より清水桜が丘）で18人である。これら上位３校は、高校サッカーの３大タイトルである全国高等学校総合体育大会サッカー競技大会（高校総体）、全国高等学校サッカー選手権大会（選手権）、高円宮《たかまどのみや》杯全日本ユース（Ｕ－18）サッカー選手権大会（全日本ユース、11年より高円宮杯Ｕ－18サッカーリーグ）の優勝回数でもトップ３を占めている。以下、流通経済大学付属柏、前橋育英、滝川第二、静岡学園と続く。これらの高校は15人以上のＪリーガーを輩出している。

ちなみに、５人以上の現役選手を輩出している高校は29校あり、内訳は私立高校19校、公立高校10校である。プロ野球と比較して、公立高校の健闘ぶりが目立つのが大きな特徴といえる。トップ３も、すべて公立高校である。

地域別で見ると、静岡県が３校ランクインしており、さすがにサッカーの盛んな地域であることを示している。千葉県は４校ランクインし、静岡県を上まわっている。関東は、埼玉県や神奈川県が２校ずつランクインしており、また選手権で６回の優勝を誇る東京の帝京もランクインするなど、全体としてサッカーが盛んである。

西日本では九州が強く、長崎県の国見が2位に入っているほか、福岡県、熊本県、鹿児島県が2校ずつランクインしている。

これらの地域にくらべると、近畿や中部は人口規模のわりにランクインする高校が少ない。これは、有力選手が複数の高校に分散していたり、ガンバ大阪などの有力ユースに流れていたりすることが考えられる。さらにいえば、これらの地域では、野球やラグビーなど別のスポーツに流れている可能性もありうる。

ちなみに、近畿では兵庫県がサッカー王国であった。戦前は旧制第一神戸中学校（神戸一中、現・神戸高校）や御影師範学校（現・神戸大学発達科学部）が全国制覇を重ねてきた歴史がある。今回のランキングでは、第89回選手権（２０１１年）で優勝した滝川第二が4位にランクインするなど、かつてのサッカー王国の意地を見せている。

大学では、1位が駒澤大学で30人、2位が流通経済大学で29人、3位が筑波大学で25人となっている。トップ3校のうち2校が茨城県の大学であるのがおもしろい。

ちなみに、高校のランキングでは茨城県の高校は入っていないが、男子中学生のサッカー部所属比率が47都道府県中トップ（『平成22年度　部活動調査集計』日本中学校体育連盟）である

Jリーグ所属選手出身高校ランキング

順位	高校名	地域	公立○・私立●	輩出人数
1	船橋(市立)	千葉	○	25
2	国見	長崎	○	19
3	清水商業	静岡	○	18
4	流通経済大学付属柏	千葉	●	16
4	前橋育英	群馬	●	16
4	滝川第二	兵庫	●	16
7	静岡学園	静岡	●	15
8	東福岡	福岡	●	13
9	鹿児島実業	鹿児島	●	12
10	帝京	東京	●	11
10	藤枝東	静岡	○	11
10	青森山田	青森	●	11
10	大津	熊本	○	11
14	四日市中央工業	三重	○	9
14	鹿児島城西	鹿児島	●	9
14	桐光学園	神奈川	●	9
14	野洲	滋賀	○	9
18	初芝橋本	和歌山	●	8
18	東海大学付属第五	福岡	●	8
20	八千代	千葉	○	7
20	西武台	埼玉	●	7
20	習志野	千葉	○	7
23	武南	埼玉	●	6
23	桐蔭学園	神奈川	●	6
25	広島皆実	広島	○	5
25	多々良学園*	山口	●	5
25	熊本国府	熊本	●	5
25	星陵	石川	●	5
25	立正大学淞南	島根	●	5

注)ユースに所属する選手を受け入れている高校は除く
*)現・高川学園

Jリーグ所属選手出身大学ランキング

順位	大学名	輩出人数
1	駒澤大学	30
2	流通経済大学	29
3	筑波大学	25
4	国士舘大学	21
5	福岡大学	19
6	明治大学	18
7	早稲田大学	17
8	阪南大学	16
9	中央大学	15
10	大阪体育大学	12
10	法政大学	12
12	順天堂大学	10
12	関西大学	10
14	立命館大学	9
15	大阪学院大学	8
16	中京大学	6
16	同志社大学	6
16	専修大学	6
19	東京学芸大学	5
19	愛知学院大学	5
19	神奈川大学	5
19	桃山学院大学	5

こと、鹿島アントラーズ、水戸ホーリーホックというJリーグのチームがあることからもサッカーが盛んな土地柄であるといえる。

以下、国士舘大学、福岡大学、明治大学、早稲田大学、阪南大学、中央大学と続き、ここまでが15人以上のJリーガーを輩出している。

5人以上の現役選手を輩出している大学は22校あり、そのうちの2校（筑波大学、東京学芸大学）が国立大学である。これも、高校のランキングと同様、プロ野球と比較した場合の大きな特徴である。筑波大学は体育系の専攻がある大学で、前身は東京教育大学。東京学芸大学も教員養成の大学である。

ちなみに、ランクインはしていないが、複数のＪリーガーを輩出している国立大学には、高知大学、福岡教育大学、鹿屋《かのや》体育大学がある。

なお、高知大学の前身は高知師範学校である。したがって、国立大学のなかでも体育系の専攻を有する大学と、教員養成系の大学、あるいはその流れを汲《く》む大学がＪリーガーを輩出しているといえる。

地域別に見ると、５人以上の現役選手を輩出している大学22校のうち、12校が首都圏の大学で、７校が近畿圏の大学である。首都圏一極集中の傾向が強いプロ野球とくらべると、サッカーの場合は、首都圏と近畿圏の二極に集中しているという特徴が見られる。

とくに近畿圏は、Ｊリーガーを多数輩出している高校が少ないにもかかわらず、大学サッカーからは比較的多くのＪリーガーが生まれている。なお、残りの３校のうち、２校は中京圏、１校は九州の大学である。

ラグビー選手を輩出する名門校

ジャパンラグビートップリーグの14チームには、572人の日本人選手が所属している（2012年2月現在）。先に述べたように、そのほとんどが大卒である。

次ページの表を見ると、高校の1位は常翔《じょうしょう》啓光学園で24人、2位は東海大学付属仰星で21人、3位は常翔学園で20人であり、上位3校はすべて大阪府の高校である。以下、東福岡、正智深谷、伏見工業、桐蔭学園、報徳学園と続き、ここまでが10人以上の選手を輩出している。

5人以上の現役選手を出している高校は全部で26校あり、このうち18校が私立高校、8校が公立高校で、野球とくらべるとやはり公立高校の健闘が目立つ。

また、地域別で見ると、近畿圏の高校が多いことに気づく。上位3校を含めて5校がランクインしている大阪府や、かつてTVドラマ『スクール☆ウォーズ』の舞台になるなどして全国的に有名になった伏見工業など2校がランクインしている京都府、そして同じく2校ランクインしている奈良県と1校の兵庫県を合わせると、10校が近畿圏である。

そのほかの地域で2校ランクインしているのは、神奈川県と福岡県だけである。このうち、

ラグビートップリーグ所属選手出身高校ランキング

順位	高校名	地域	公立○・私立●	輩出人数
1	啓光学園*	大阪	●	24
2	東海大学付属仰星	大阪	●	21
3	常翔学園**	大阪	●	20
4	東福岡	福岡	●	19
5	正智深谷	埼玉	●	14
6	伏見工業	京都	○	13
7	桐蔭学園	神奈川	●	12
7	報徳学園	兵庫	●	12
9	天理	奈良	●	9
9	東山	京都	●	9
11	國學院大學久我山	東京	●	7
11	御所実業***	奈良	○	7
11	長崎北	長崎	○	7
11	清真学園	茨城	●	7
15	日川	山梨	○	6
15	法政大学第二	神奈川	●	6
15	長崎南山	長崎	●	6
15	熊谷工業	埼玉	○	6
15	東京農業大学第二	群馬	●	6
15	東京	東京	●	6
15	筑紫	福岡	○	6
15	秋田工業	秋田	○	5
15	仙台育英	宮城	●	5
15	関西創価	大阪	●	5
15	大阪桐蔭	大阪	●	5
15	大分舞鶴	大分	○	5

*)現·常翔啓光学園
**)大阪工業大学高と合算
***)御所工業と合算

福岡県の東福岡は、近年、急速に力をつけてきた強豪校である。全国高等学校ラグビーフットボール大会（全国高校ラグビー大会）を初制覇したのは２００８年と遅いが、その後、２０１０年から２０１２年まで３連覇を成し遂げた。

全国高校ラグビー大会は、東大阪市の近鉄花園ラグビー場で行われる伝統あるイベントである。ラグビー界の「甲子園」ともいわれ、２０１２年ですでに91回を数える。基本的には47都道府県から1校ずつの出場だが、北海道と東京は2校出場する。

ここまでは高校野球と同じだが、大阪からは3校が出場できる。ラグビー界において、いかに大阪の存在が大きいかがよくわかる。

ところが、選手の出身大学を見ると、様相が大きく変わる。1位は関東学院大学で49人、2位は帝京大学で48人、3位は法政大学で44人、4位は早稲田大学で43人と、40人以上の選手を輩出しているのはすべて首都圏の大学である。

6人以上の選手を出している大学は25校あり、そのうち16校が首都圏の大学で、近畿圏の大学は6校にすぎない。

日本で3番目にラグビー部が創設された同志社大学が34人を輩出し、かなりの存在感を示しているものの、高校のランキングにくらべると、やはり首都圏の大学への偏りが大きいこ

ラグビートップリーグ所属選手出身大学ランキング

順位	大学名	輩出人数
1	関東学院大学	49
2	帝京大学	48
3	法政大学	44
4	早稲田大学	43
5	明治大学	35
6	同志社大学	34
7	東海大学	32
8	大東文化大学	20
9	立命館大学	18
9	大阪体育大学	18
11	日本体育大学	15
11	慶應義塾大学	15
11	日本大学	15
11	流通経済大学	15
11	京都産業大学	15
16	中央大学	14
17	筑波大学	11
17	拓殖大学	11
17	近畿大学	11
20	埼玉工業大学	9
20	専修大学	9
20	福岡大学	9
23	福岡工業大学	7
23	立正大学	7
25	天理大学	6

とがわかる。なお、残りの2校はともに福岡県の大学である。

このように、ラグビー選手を輩出する名門大学は、サッカーと同様、首都圏と近畿圏の二極に集中しているが、とくに首都圏の大学が大きなウエートを占めている。関西の高校出身のラガーマンが首都圏の大学に進学していることの証左だろう。

大学ラグビーの日本一を決める全国大学ラグビーフットボール選手権大会の優勝校を見ても、同じことがいえる。優勝は早稲田大学が15回、明治大学が12回と圧倒的な実績を誇り、同志社大学の優勝回数は4回、それもすべて1980年代の成績であり、それ以後、関西のラグビーは長らく低迷を続けている。

2011～12年の大会で久々に天理大学が決勝に進み、3連覇を果たした帝京大学に敗れて準優勝に終わったものの、決勝まで進んだこと自体が、関西ラグビー界で大きな話題となったほどである。

駅伝選手を輩出する名門校

駅伝についても、先と同じように、「ニューイヤー駅伝2012 in ぐんま」参加チームに所属する選手のうち、日本の学校を出ている496人の学歴を見ていこう。

ニューイヤー駅伝選手出身高校ランキング

順位	高校名	地域	公立○・私立●	輩出人数
1	報徳学園	兵庫	●	10
1	洛南	京都	●	10
3	青森山田	青森	●	8
3	鎮西	熊本	●	8
3	出雲工業	島根	○	8
6	西脇工業	兵庫	○	7
6	田村	福島	○	7
6	上野工業*	三重	○	7
9	鳥取中央育英**	鳥取	○	6
9	豊川工業	愛知	○	6
9	仙台育英	宮城	●	6
9	白石	佐賀	○	6
9	世羅	広島	○	6
9	倉敷	岡山	●	6
9	西京	山口	○	6
16	佐久長聖	長野	●	5
16	尾山台	石川	●	5
16	智辯学園	奈良	●	5
16	小林	宮崎	○	5
16	大牟田	福岡	●	5
16	中京大学附属中京	愛知	●	5
16	鹿児島実業	鹿児島	●	5
16	大分東明	大分	●	5
16	鳥栖工業	佐賀	○	5

*)現・伊賀白鳳
**)由良育英と合算

前ページの表を見ると、高校では、1位は報徳学園と洛南で、この2校がともに10人の選手を輩出している。3位は青森山田、鎮西、出雲工業で、それぞれ8人の選手を出している。

駅伝の場合は、これまで取り上げたスポーツと違って、圧倒的に多数の選手を送り込む高校がいくつかあるというより、有力選手が分散しているのが特徴といえそうだ。

5人以上の選手を出している高校は全部で24校あり、そのうち13校が私立高校で、11校が公立高校である。野球、サッカー、ラグビーとくらべて、公立高校の割合が高いところは特筆すべきである。また、地理的な特徴としては、首都圏の高校が1校もランクインしていないことがあげられる。

ランクインしている高校が多い地域は、九州が7校、中国が5校と西日本が中心である。中部は5校、近畿は4校。人口規模からすれば、九州と中国の2地域がかなり健闘している。残りの3校は東北地方である。これは、歴代の全国高校駅伝大会の優勝校（男子）とほぼ同様の傾向である。

しかし、箱根駅伝の人気から容易に予想できるように、こうした傾向は出身大学にはまったく当てはまらない。出身大学のランキングは、次ページの表のとおりである。

1位は駒澤大学で26人、2位は東洋大学と山梨学院大学で22人と、箱根駅伝で好成績を残

ニューイヤー駅伝選手出身大学ランキング

順位	大学名	輩出人数
1	駒澤大学	26
2	東洋大学	22
2	山梨学院大学	22
4	日本体育大学	19
4	日本大学	19
6	帝京大学	18
7	大東文化大学	17
8	東海大学	15
9	拓殖大学	14
9	神奈川大学	14
11	中央大学	13
11	順天堂大学	13
13	城西大学	12
14	法政大学	11
15	専修大学	10
15	亜細亜大学	10
17	中央学院大学	9
17	国士舘大学	9
17	京都産業大学	9
20	國學院大學	8
21	青山学院大学	7
21	東京農業大学	7
21	早稲田大学	7
24	関東学院大学	6
25	明治大学	5
25	平成国際大学	5

してきた強豪大学が占めている。以下、日本体育大学、日本大学、帝京大学、大東文化大学、東海大学と続き、それぞれ15人以上の選手を輩出している。

5人以上の選手を輩出している大学は26校あるが、箱根駅伝への出場資格を有する関東の大学がほとんどである。地方の大学では、唯一、京都産業大学が9人を輩出して17位にランクインしている。

このように、駅伝選手を輩出する大学は、極端に首都圏に一極集中している。

ちなみに、スポーツジャーナリストの生島淳氏は、その著『駅伝がマラソンをダメにした』（光文社新書）のなかで、1987（昭和62）年に日本テレビが生中継放送を始め、いまや正月の風物詩となった箱根駅伝の人気が高校陸上界の構造を大きく変えた、と指摘している。

つまり、大学側が1区間20キロ前後という箱根駅伝を走れる戦力を求めるため、大学陸上部は長距離ランナーに推薦枠を与えて、中距離や短距離選手の枠を減らしてきた。そうなると、進学をめざす高校生としては、中距離よりも長距離を走るほうが入学には有利になる。

短距離の選手はよほど実力がないと推薦では入学できないし、中距離に適性のある選手は長距離に転向するため、中距離ランナーが手薄になる傾向が強くなったという。生島氏はさらに、こうした駅伝至上主義が1990年代以降の男子マラソンの弱体化を招いた、と批判している。

大学は名前を売りたいのでマラソンより駅伝を重視するし、その大学に雇われた監督やコーチは、駅伝で好成績を収めれば評価が高まる。学生は、箱根駅伝で走れる実力があれば大学に進学しやすくなるため、中距離や短距離に適性があっても箱根駅伝をめざそうとする。男子マラソンの弱体化に代表される陸上界の問題は、まさしく箱根駅伝のテレビ中継によって陸上関係者のインセンティブ（誘因）が大きく変わったことに端を発している。まさに経済学的な問題といえる。

大相撲の力士を輩出する名門校

大相撲については、2012年の初場所で十両以上の地位にある関取のデータを見ていこう。日本の高校を出ている関取37人の出身高校ランキングをまとめたのが、次ページの表である。

これを見ると、現役の関取を複数輩出している高校は、明徳義塾の4人、埼玉栄の3人と、わずか2校にすぎない。1人だけ出している高校は30校あり、そのうち22校が公立高校である。ほかのスポーツとくらべると、かなり高い割合である。

大相撲力士（十両以上）出身高校ランキング

順位	高校名	地域	公立○・私立●	輩出人数
1	明徳義塾	高知	●	4
2	埼玉栄	埼玉	●	3
3	会津農林	福島	○	1
3	鰺ヶ沢	青森	○	1
3	足立新田*	東京	○	1
3	宇佐産業科学	大分	○	1
3	隠岐水産	島根	○	1
3	小浜	長崎	○	1
3	金足農業	秋田	○	1
3	金木	青森	○	1
3	加茂水産	山形	○	1
3	木造	青森	○	1
3	岐阜第一	岐阜	●	1
3	熊本農業	熊本	○	1
3	高知工業	高知	○	1
3	五所川原	青森	○	1
3	五所川原農林	青森	○	1
3	小豆島	香川	○	1
3	宿毛	高知	○	1
3	秩父農工科学	埼玉	○	1
3	鳥取城北	鳥取	●	1
3	中津工業	大分	○	1
3	七尾商業	石川	○	1
3	沼津学園	静岡	●	1
3	響	山口	○	1
3	弘前実業	青森	○	1
3	文徳	熊本	●	1
3	報徳学園	兵庫	●	1
3	三重	三重	●	1
3	箕島	和歌山	○	1
3	明治大学付属中野	東京	●	1
3	目黒学院	東京	●	1

*）都立高唯一の相撲部

大相撲力士（十両以上）出身大学ランキング

順位	大学名	輩出人数
1	近畿大学	4
1	日本体育大学	4
3	東京農業大学	3
3	日本大学	3
5	東洋大学	2
6	朝日大学	1
6	駒澤大学	1
6	専修大学	1
6	早稲田大学	1
6	大東文化大学	1
6	拓殖大学	1
6	中央大学	1
6	明治大学	1

また、青森県の高校が6校を占めていることも大きな特徴といえる。青森県は、北海道に次いで2番目に多い6人の横綱（鏡里、初代若乃花、栃ノ海、二代目若乃花、隆の里、旭富士）のほか、元大関の貴ノ花や貴ノ浪、そして舞の海や高見盛といった人気力士を生んだ土地柄であるため、この結果は納得できる。

いっぽう、上の表からわかるように、大学出身の関取は24人いる。出身大学を見ると、近畿大学、日本体育大学がそれぞれ4人、東京農業大学と日本大学がそれぞれ3人、そして、東洋大学が2人の関取を出しており、これらが有力校といえる。

1人以上の関取を出している大学は、これら5校を加えて13校だが、近畿大学と朝日大学を除いた11校が首都圏の大学であることから、相撲の世界の有力大学は、ほぼ首都圏に一極集中しているといえる。相撲部屋が東京に集中しているため、こうした傾向もとくに不自然ではない。

ここまで、野球、サッカー、ラグビー、駅伝の選手と、大相撲の力士について、出身高校や出身大学を見てきた。ほとんどのスポーツにおいて、出身高校は西日本を中心としながら、それなりに幅広い地域で選手を輩出しているが、出身大学は首都圏の私立大学に偏っていることがわかる。

このことは、スポーツの世界では、各地の高校から首都圏の大学に進学する人が多いことを物語っている。じつは、これはスポーツ選手のみならず、一般の高校生にも当てはまる。大学の首都圏集中、ひいては社会・経済活動の東京一極集中と密接に連関がある。

そうしたなか、地方にありながらプロ野球選手を供給しつづけている東北福祉大学や福岡県の4大学、そしてJリーガーを多数供給している福岡大学には今後も期待したい。

4　プロスポーツで有利に働く学歴・学校歴

高卒選手と大卒選手、どちらが成功するか

ここまで見てきたように、日本のスポーツ界は大学出身者が多い。また、各スポーツにそれぞれ名門高校と名門大学が存在している。

では、大学出身者は、プロスポーツで成功する確率は高いのだろうか。さらに、特定の大学出身者は、ほかの大学出身者にくらべて成功する確率が上昇するのだろうか。以下で、伝統が長く、選手数も多いプロ野球のデータを分析することによって、この疑問に答えたい。

なお、この分析には、ドラフト制度が確立された１９６５～２０１０年のドラフト会議で指名され、実際に入団した選手のうち、２０１０年のシーズンまでに現役を引退した２４２１人の選手のデータを用いることにする。

また、データについては、いくつか注意点があるので、次にまとめておく。

①ドラフト外で入団した選手や2011年以降も現役である選手のデータは参考にしない。
②育成選手制度（育成ドラフト）で入団した選手のデータも、まだ数が少ないため今回は扱わない（育成選手でも、年俸1億円の大台を突破し、WBCでも活躍した巨人の山口鉄也投手などの成功例が出ている。今後、こうした成功事例がふえれば、新たに分析するさいに考慮に入れる必要があるだろう）。
③選手の成績については、1965〜2010年のシーズンにおいて1軍で出場した試合での記録のみを用いる。

ところで、何をもって「成功」と見なすかは難しい問題であるが、ここでは以下の3つの指標を用いることにする。

①前出の『ドラフト下位指名ならプロへ行くな！』で用いられている「成功選手」の定義

- 投手……350試合登板、100勝、100セーブ、1000奪三振のうち、少なくとも1つを達成している選手
- 野手……1000試合出場、1000本安打、100本塁打、100盗塁のうち、少なくとも1つを達成している選手

また、MVP（最優秀選手）、ベストナイン、新人王、ゴールデングラブ賞（ダイヤモンドグ

ラブ賞)、最多勝利、最優秀防御率、最多奪三振、最高勝率、最優秀投手、最優秀救援、最優秀中継ぎ、沢村賞、最多ホールド、首位打者、本塁打王、打点王、盗塁王、最高出塁率のうち、少なくとも1つのタイトルを得ている選手も成功選手とする。

ただ、これでは成功の定義がかなりきついものとなり、該当者がしぼりこまれるので、あとの2つはもうすこし緩やかに、1軍での出場経験に関する指標を用いる。

②1軍での出場経験の有無

③1軍での出場年数

なお、生涯年俸も有力な指標ではあるが、データの入手が困難であることから、今回は用いない。1軍の年俸は2軍とくらべるとはるかに高く、また、年俸は活躍を重ねるほど飛躍的に上がっていくので、今回用いる指標は年俸の代理変数として十分な資格があると考えられる。

以上にあげた3つの指標に対して、大学出身という学歴、あるいはどの大学を出たかという学校歴が、どのような影響を与えているのかを調べるのだが、単純に高卒と大卒、あるいは大学ごとの成功度の違いを見るだけでは、学歴や学校歴の正確な効果を測定することはできない。

なぜなら、学歴や学校歴と、プロ野球選手として成功することとの両方に対して影響を与える要因がある場合、プロ選手としての「成功」に対する学歴や学校歴の効果を、過大または過小に見積もりかねないからである。

そこで、まず学歴について、計量経済学で用いられる回帰分析[注]を行う。これによって、成功することに影響を与える学歴以外の要因を取り除いて（経済学では「コントロールする」という）、学歴だけが異なる選手間の成功度を比較することができる。

学歴と成功の両方に影響を与える要因としては、もちろん選手の生まれつきの体力や学力といった能力そのものが考えられる。ただ、能力を直接測ることは難しいので、次にあげる要素を実力指標の代理変数とし、これらをコントロールする。

- ドラフト会議の指名順位
- 何年のドラフト会議で指名されたか（ドラフト会議の指名は年によって出来不出来が存在するし、制度が変わることもあるため）
- 甲子園の出場経験
- 社会人経験
- 年齢

厳密にいえば、能力は、これら以外の観察できない要因にも左右されている。その場合は、操作変数法などのさらに高度な計量経済学的手法が必要となるが、ここでは扱わない。

プロ野球選手2421人の学歴による分析結果

では、分析結果を見てみよう。

〈「成功選手」となる確率〉

分析から、大卒選手は高卒選手より約7パーセントポイント（以下、パーセントと表記）高いことがわかった（この数字は「限界効果」というもので、該当する変数を1変化させたときの確率の増減を表す。ここでは、高卒を0、大卒を1とする変数を用いて、「成功選手」となる高卒と大卒の確率の差を計算した結果を示した）。ほかの要因をコントロールしたうえでも、有意に（偶然このような違いが出たのではなく、統計的に意味があるということ）成功確率が異なる。

〈1軍で出場する確率〉

大卒選手は高卒選手よりも約9パーセント高いことがわかった。

〈1軍で出場する年数〉

大卒選手が高卒選手よりも約1・2年長いという結果が得られた。これはわずかな違いに思えるかもしれないが、高校卒業時点でプロで通用すると思われていた選手よりも、大卒のほうが1軍での出場年数が長いということ自体が驚きである。

先に述べたように、こうした差はドラフト会議の指名順位などの実力指標をコントロールしたうえでのものなので、純粋に大卒という経歴が選手としての成功確率を高めているといえるだろう。

ついでながら、先ほどあげたコントロール変数についてもふれておこう。

〈ドラフト会議の指名順位〉

プロの選手として成功するかどうかをいちばん左右するのは、やはりドラフト会議の指名順位であった。ドラフト指名1位選手との比較では、

- 「成功選手」となる確率……2位以下は有意に減少する。2〜3位は6〜8パーセント程度低下し、4位以下は10パーセント以上低下する。

・1軍で出場する確率……2位は出場確率が約8パーセント低下する。ドラフト会議の指名順位が下がるほどこの効果は強まり、5位では約32パーセント低下する。
・1軍で出場する年数……2位は約1・3年短くなる。ドラフト会議の指名順位が下がるほどこの効果は強まり、5位では約3・6年短くなる。

このことから、ドラフト会議の指名順位が、プロ選手としての成功をいいあてる目安となっていることがうかがえる。逆にいえば、プロ球団は指名選手の実力をよく観察している。

〈甲子園の出場経験〉

出場経験のある選手のほうが、未経験者より、
・「成功選手」となる確率……約6パーセント高い
・1軍で出場する確率……約10パーセント高い
・1軍で出場する年数……約1・5年長い

甲子園の出場経験は、大卒であることがもたらす効果とほぼ同じだけのインパクトをもっているが、逆にいえば、たとえ甲子園に出られなくても、大学野球で活躍してドラフト会議で指名されるほどになれば、プロ選手として通用するということも示している。

〈社会人経験〉

社会人経験のある選手のほうが、未経験者より、

・「成功選手」となる確率……約8パーセント高い
・1軍で出場する確率……約9パーセント高い
・1軍で出場する年数……約1・1年長い

社会人を経験する場合も、大学進学と同様、年齢が高くなってからプロ入りするので、それでも1軍出場年数が長いということは特筆に値する。これも、社会人野球で成功してドラフト会議で指名されるほどの実力を示せば、プロで十分通用することを示している。

ここで見てきた結果は、あくまで平均的なものである。大卒なら必ず成功するわけではないし、甲子園経験者やドラフト会議の上位指名者が必ず成功するわけではない。

しかし、高卒で、しかもドラフト会議で下位指名の場合は、成功するどころか、1軍での出場機会すら得られずに引退する可能性が高いことが数字にはっきりと表れている。

ところで、野球を統計分析することについては、アメリカが本場である。アメリカでは野

球に関する統計解析を行う「セイバーメトリクス」が流行し、メジャーリーグでは選手の評価や年俸の決定に生かされている。

これについては、映画『マネーボール』によって、日本でも知られるようになった。主人公であるオークランド・アスレチックスのGM、ビリー・ビーンは、「ドラフト会議で高卒選手を獲るのはギャンブル」「大学野球の成績によって、プロでの実績はある程度予想できる」という趣旨の発言をしており、アメリカでも大学出身者であることがメジャーでの成功確率をある程度高めていると考えられる。

プロ野球選手2421人の学校歴による分析結果

次に、どこの大学を出たかという学校歴がどの程度重要であるかについて、先ほどと同じ手法を用いて確認したい。

といっても、1つひとつの大学の傾向を調べるのではなく、いくつかのグループで区切り、どのグループに属する大学を出ていることが重要になるかを確認することにしたい。

大学の分け方にはいろいろあるが、ここでは、あくまで野球に関連するものとして、次の

6つのグループを設定し、これらと高卒選手とを比較することにする。

(Ⅰ)東京六大学野球連盟(東京大学、早稲田大学、慶應義塾大学、明治大学、法政大学、立教大学)

(Ⅱ)東都大学野球連盟(東洋大学、青山学院大学、亜細亜大学、中央大学、駒澤大学、日本大学、國學院大學、東京農業大学、国士舘大学、立正大学、拓殖大学、専修大学、大正大学、学習院大学、順天堂大学、上智大学、成蹊大学、芝浦工業大学、一橋大学、東京都市大学、東京工業大学)

(Ⅲ)首都大学野球連盟(東海大学、帝京大学、日本体育大学、大東文化大学、筑波大学、明星大学、城西大学、足利工業大学、創造学園大学、東京経済大学、獨協大学、武蔵大学、明治学院大学、桜美林大学、玉川大学、成城大学)

(Ⅳ)関西六大学野球連盟(神戸学院大学、龍谷大学、京都産業大学、大阪学院大学、大阪経済大学、大阪商業大学)

(Ⅴ)関西学生野球連盟(関西大学、関西学院大学、京都大学、近畿大学、同志社大学、立命館大学)

(Ⅵ)Ⅰ~Ⅴ以外の大学

では、高卒選手と比較した分析結果をまとめてみよう。

〈「成功選手」となる確率〉

(Ⅰ)のグループは約6〜12パーセント、(Ⅱ)のグループは約15〜21パーセント高まることがわかった。ほかの大学グループについては有意な結果が得られていないので、この2つのグループが非常に高い確率で成功選手を生み出していると理解できる。

〈1軍で出場する確率〉

(Ⅰ)と(Ⅱ)は約11〜14パーセント、(Ⅲ)は約0〜11パーセント、(Ⅴ)は約14〜15パーセント、そのほかの大学出身者は約0〜8パーセント高い。

〈1軍で出場する年数〉

(Ⅰ)は1・5〜2・6年、(Ⅱ)は2・0〜3・2年、(Ⅲ)と(Ⅴ)は0〜2・0年、そのほかの大学は0〜1・1年長い。

(Ⅳ)のグループについては、有意な結果が得られていないため、高卒選手と差があるとはいえない。しかし、ほかの大学グループについては高卒選手とは有意な差がある。

このように、学校歴による分析から、東京六大学と東都大学リーグの出身者がプロの選手として実績を残していることがよくわかる。学歴だけではなく、学校歴もプロ選手として成功するために重要なファクターであることが示されたといえるだろう。

以上のことから、大卒選手は高卒選手よりもプロ野球で成功する確率が高い、と結論づけることができる。大成功する選手は高卒選手に多いイメージがあるので、意外な結果といえる。また、年齢が若い段階でプロ入りする高卒選手よりも、大卒選手のほうが1軍の試合に出場する確率が高く、出場年数も長い傾向にあることも、意外な結果といえるだろう。

そして、大卒選手のなかでも、東京六大学と東都大学リーグの出身者は、ほかの大学にくらべると活躍する確率が高いこともわかった。もちろん、これらの大学がほかの大学にくらべて優秀な選手を集めているからではあるが、学歴だけでなく学校歴もプロ野球選手の成功に影響を与える要因であったというのは興味深い。

プロスポーツの世界は、学歴や学校歴とはまったく無縁で、実力だけがものをいうわけではない。一般人と同じように、ある程度、学歴や学校歴に左右される世界なのである。

大学出身者はJリーグで成功する確率も高い

Jリーグについても同じような分析を行った研究があるので、以下で紹介する。

神戸大学大学院の髙橋潔教授が、その著『Jリーグの行動科学』（白桃書房）のなかで、前述した「セイバーメトリクス」と似たような手法である「蹴球統計」を用いて、Jリーガー1人ひとりの「勝利への貢献」と「敗北への寄与」を推計している。

これは、勝ち試合の出場時間、負け試合の出場時間に対して、どのような要因が影響を与えているかを分析したものである。考えられる要因として、身体能力、インセンティブ、モチベーション、役割行動、役割外行動、公平性とともに知的能力をあげており、知的能力については選手の学歴（大卒か否か）を代理変数として用いている。

その結果、大卒であることは、勝利への貢献には有意な影響をもたらしていないが、敗北への寄与についてはマイナスの影響をもたらしている。つまり、大卒の選手には、試合での負けを少なくする効果があるのである。

これまで見てきたように、サッカーは低年齢からエリートを養成するユース制度が確立されていることもあって、ほかのスポーツと比較すると大卒選手が少ない。しかし、大卒選手がいることはチームにとってマイナスになっておらず、むしろ負けを少なくすることでチームに貢献しているというのは興味深い。

大学サッカーで花開いた選手を2人、紹介しておこう。

日本代表のDF（ディフェンダー）で、セリエAのインテルナツィオナーレ・ミラノ（以下、インテル）で活躍している長友佑都は、愛媛FCジュニアユースのセレクションで落選し、サッカーの強豪、東福岡高校でも無名の存在であった。進学した明治大学でも当初は応援団にまわされたりしていたが、その後、頭角を現して全日本大学選抜やユニバーシアード代表に選出されるなど活躍。在学したままJリーグのFC東京に入団、2010年のワールドカップで活躍したあと、セリエAのACチェゼーナに移籍し、その後、インテルに移って現在にいたっている。

また、年代別の代表に一度も呼ばれなかったFW田中順也のように、順天堂大学からJリーグの柏レイソルに入団し、日本代表の座を勝ち取った例もある。

先にも述べたように、大学サッカーはJリーガー育成の場として十分な役割を果たしている。こうしたことから、野球だけでなくサッカーの世界でも、大学出身という経歴が、ある程度は有効に働いていると考えることができる。

（注）――

回帰分析とは、変数間の関数関係について分析するものである。たとえば、

$$Y=\alpha+\beta_1X_1+\beta_2X_2$$

について、実際のY、X_1、X_2のデータを集めて、もっとも当てはまりのいい係数の推定値（α、β_1、β_2）を計算で求め、X_1、X_2がそれぞれYにどのような影響を与えているかを調べるのである。

たとえば、β_1がプラスであれば、X_1が増大したときにYも増大するということである。

なお、Yは被説明変数、X_1、X_2は説明変数と呼ぶ。

また、説明変数は3つ以上あってもかまわない。

ここでは、Yを「選手としての成功度」と考えるが、数量化するために、実際には「『成功選手』の定義」「1軍での出場経験の有無」「1軍での出場年数」の3つを用いる。

Xにはいくつもの変数を用いるが、いちばん重要なのは学歴および学校歴である。学歴や学校歴のほかにも説明変数を用いる理由は、学歴とYの両方に影響を与えるほかの要因があるときに、その影響を取り除いて、純粋に学歴がYに与える影響を抽出するためである。

係数は説明変数の組み合わせ方によって変わるので、本章でも何通りかのバリエーションを試している。したがって、係数の推定値は、たとえば0・1～0・2といったように幅をもたせて記述している。

係数を推定するさい、Yが連続変数（0、1、2……）であるときは最小2乗法、Yが0（失敗）と1（成功）という2種類の値しかとらない場合には「プロビット分析」が用いられる。

したがって、Yとして「1軍での出場年数」を用いるときは最小2乗法、「『成功選手』の定義」「1

軍での出場経験の有無」を用いる場合は「プロビット分析」を用いる。
さらなるくわしい説明については、計量経済学の教科書を参照していただきたい。

第2章

スポーツの発展と学校スポーツ

1　戦前の学校スポーツが発展した経緯

日本の野球は明治5年から始まった

日本のスポーツはこれまで、主たる競技者が学生や生徒であったため、学校を中心に発展してきた。もちろん、野球やサッカーのようにプロ化した競技もあるので、学校だけがスポーツにかかわってきたわけではないが、時代を戦前に限定すれば、学校での競技生活が重要な役割を担っていたことはいうまでもない。

そこで、本書でおもに取り上げている野球、サッカー、ラグビーが、戦前どのように発展してきたかを見ておこう。

日本で最初に野球が導入されたのは1872（明治5）年である。第一大学区第一番中学（現・東京大学）のアメリカ人英語教師ホーレス・ウィルソンが紹介したとされている。

これに対して、小樽商科大学の沼田久名誉教授は、「野球部百年史」（『小樽商科大学百年史』

小樽商科大学）のなかで、「札幌農学校の前々身であり東京・芝の増上寺にあった開拓使仮学校で、アメリカ人教師アルバート・ベイツが生徒に野球を教えた」と記している。１８７３（明治6）年のことである。

沼田教授はさらに、第一番中学ではノックをしただけで、本格的に試合をしたのは開拓使仮学校が最初だ、と主張する。どちらを先とするかは、専門家にまかせよう。

いずれにしても、野球は外国人教員が多い学校を中心に普及していくわけだが、この時代はまだ競技に関心をもつ学生や生徒たちが楽しみのために行う程度で、現在の草野球程度のレベルであっただろう。

当時、野球をやっていたことがわかっている学校は、東京大学予備門、駒場農学校、工部大学校（東京大学工学部の前身）、慶應義塾、波羅《ばら》大学（現・明治学院大学）、東京英和学校（現・青山学院大学）である。また、開拓使仮学校の後身である札幌農学校でも野球が行われていたとされているが、雪の多い北の地で古くから野球をやっていたとは驚きだ。

東京大学予備門は、江戸幕府末期に開設された蕃書調所《ばんしょしらべしょ》（１８５６年）の後身である大学南校、東京開成学校が、新しく発足した東京大学（１８７７年）の予科として再編されたものである。明治の文人、夏目漱石や正岡子規らがここで学んでいる。ちなみに、正岡子規は大の野球好きとして知られている。

当時の東京大学はエリート大学ではなく、むしろ各省庁（農商務省や工部省）に付属する学校のほうが格上であった。官僚となるべき人材を養成していた駒場農学校や工部大学校がそれであり、こういう学校の生徒が野球を楽しんでいた。

その後、初代の文部大臣、森有礼《ありのり》が、帝国大学令、師範学校令、中学校令、小学校令からなる「諸学校令」を発して教育制度の抜本的な改革を行い、1886（明治19）年、帝国大学が発足する。旧来の東京大学、工部大学校、駒場農学校、司法省付属の法学校、医学校などを合併し、文字どおりのエリート校が誕生したのである。

なぜ一高は野球が強かったのか

さて、この章でスポットを当てる第一高等学校（通称、一高）は、東京大学予備門を改称した第一高等中学校が、1894（明治27）年の高等学校令によって組織改編されたものである（以下で「一高」と表記する場合は、第一高等中学校も含む）。一高は創設当初からエリート校であり、俗にいう「一高・東大」というエリートコースが定着していく。

この一高が野球の中心校であったというと驚かれるかもしれないが、事実、一高野球部は近隣の諸学校を次々と破り、強豪の名をほしいままにしていた。あとで述べるように、サッカーも学問水準の高い学校を中心に行われており、日本のスポーツ（とくに団体競技）は「文武両道」という特色を有していたのである。

では、なぜ、一高は野球が強かったのか。その理由としては、次の3点が考えられる。

⑴まわりの学校が野球をやりはじめたのが遅かったため、一高に先行者としての強みがあった。当時、ほかの学校では柔道や剣道が盛んだったことを考えればわかりやすい。

⑵エリート校であるため外国人（主としてアメリカ人）教師が多く、外国人とのつきあいがあった。当然、野球の指導を仰ぐ機会が多く、何よりも外国のスポーツである野球に抵抗感がなかった。

⑶中村哲也氏が「明治後期における『一高野球』像の再検討」（一橋大学機関リポジトリ「HERMES-IR」）のなかで指摘するように、1890（明治23）年5月に行われた一高対明治学院の試合で、「インブリー事件」（垣根を越えて校内に入ってきた明治学院のアメリカ人講師インブリーに一高生が投石し、ケガをさせた事件）が起こり、試合が中止になっただけでなく、一高生のプライドが傷つき、明治学院に復仇《ふっきゅう》するために猛練習に励むようになった。こうしたことから、一高生に「勝利第一主義」が芽生えていく。

一高野球部は勝利のために、学生の自治を育成する校友会をつくり、寮生活をして猛練習に励んだ。野球部は一高を代表する運動部となり、勝利至上主義や精神主義が標榜《ひょうぼう》された。

ここから一高野球部の黄金時代（1890～1904年）が到来するが、長くは続かなかった。前出の中村氏は、一高の学業重視の教育方針により、野球にばかり打ち込んでいられなくなった、と指摘する。エリートコースから外れないためには、学業をおろそかにできなかったし、できるだけ優秀な学業成績を収める必要があった。しかも、一高の学問水準は高かったので、いっそう勉学に励まなければならなかったのである。

一高・東大がエリート養成の中心軸であったことを示す証拠として、中村氏は、一高野球部員66人のうち、経歴のわかっている53人（重複を含む）の職業を示している。

- 大学教授……10人
- 社長・取締役……16人
- 国会議員……4人
- 大臣……2人
- 医師……2人
- 官僚……12人　※その他の職業が10数人

野球部員のその後を見ても、これだけのエリートを輩出している学校であるから、スポーツよりも学業に励むという風潮に変化したのは当然のことといえる。

その後、明治時代の中期から末期にかけて、多くの学校で野球部がつくられ、野球人口も増加した。それとともに、そうした学校の野球部が強くなり、一高の独擅場《どくせんじょう》でなくなっていくのは自然な流れであった。

余談だが、「野球」という言葉は、一高野球部の2塁手として活躍し、(東京)帝国大学に進学後も一高のコーチや監督を務めた中馬庚《ちゅうまんかなえ》が、在学中の1897(明治30)年に出版した野球専門書『野球』のなかで「ベースボール」を訳したとされている。彼は野球と深くかかわったものの、卒業後は旧制中学の教師や校長を務めた教育者であった。

早慶戦をめぐる悲喜こもごも

いま見たように、野球が日本に導入されてしばらくは一高の優位が続いたが、スポーツよりも学業を優先した結果、一高はしだいに野球から遠ざかっていく。

それと時を同じくして、ほかの学校では野球人気が高まっていった。具体的にいうと、アメリカ人の先生がいたミッションスクールの明治学院や青山学院、宗教色のない慶應義塾や早稲田で盛んになっていく。ちなみに、慶應義塾では1888（明治21）年に「三田ベースボール倶楽部」が、早稲田では1895（明治28）年に「早稲田倶楽部」がつくられている。

こうした流れのなかで、早稲田と慶應義塾によって「早慶戦」がスタートするわけだが、その立役者の1人が、早稲田の初代野球部長、安部磯雄である。安部は同志社英学校（現・同志社大学）在学中にクリスチャンとなり、卒業後は留学を経て同志社教授となるが、学内紛争に巻き込まれ、東京専門学校（現・早稲田大学）に移っている。専門は経済学、思想的には社会主義の信奉者であった。

この安部が野球好きだったことが、日本の野球の発展をうながし、早慶戦という一大事業に貢献することになる。ちなみに、早稲田が保有する野球場は戦後の一時期まで「安部球場」と呼ばれ、安部はいまでも「学生野球の父」と称されている。

安部の特色である社会主義と野球に関しては、立教大学から巨人に入団した長嶋茂雄のことが思い出される。新聞の取材で、長嶋が、「社会党が政権を取ると野球ができなくなる」と発言して、物議をかもしたことがある。

社会主義国キューバでも野球は盛んだし、旧ソ連や東欧諸国では国家が率先してスポーツ選手をステートアマ（国家が有望選手を高給で優遇して、国威発揚のためにスポーツ選手をプロ選手のように処遇するシステム）のようなかたちで育成していた事実を考えると、長嶋の発言はやや不適切であったと解釈できなくはない。

しかし、アメリカや日本のような資本主義国におけるプロの世界と、社会主義国でのステートアマでは性格が異なるので、長嶋の発言もあながちまちがいではないだろう。

いっぽう、当時の慶應義塾は、創設者である福澤諭吉の二男、捨次郎《すてじろう》が野球部を含む体育会の会長として尽力していた。捨次郎は慶應義塾を卒業後、アメリカのマサチューセッツ工科大学で鉄道工学を学び、帰国後は慶應義塾評議員や理事を務めながら、鉄道会社の技師、新聞社の経営者の要職についていた。

さて、早慶戦については、菊谷《きくや》匡祐《きょうすけ》氏がその著『早慶戦の百年』（集英社新書）でくわしく論じているので、それをもとに早慶戦の100年をふりかえってみよう。

早慶戦は、1903（明治36）年11月21日、慶應義塾大学の三田綱町グラウンドで最初の試合が行われた。これは、学校創立が慶應よりも遅れ、野球においても新参者であった早稲田大学の申し入れを、慶應が受けるかたちで実現したものである。両校ともに、野球の強さと「私学の雄」を自任していた。試合は、11対9で慶應が勝利した。

早慶戦は人気を博し、新聞が大々的に報道するようになると、市井《しせい》の人びとの注目を浴びるようになる。しかも、1904（明治37）年6月、強豪校といわれた一高との試合で、早稲田、慶應が連勝したのである。これによって早慶戦は学生王者を決める一大行事となり、応援合戦もますます熱を帯びていった。

それが頂点に達したのが、1906（明治39）年11月11日の早慶戦第3戦であった。球場に駆けつけたファンは4万〜5万人にものぼった。この日は1勝1敗の決着をつける決勝戦だったが、応援団のあまりの過熱ぶりに不測の事態が憂慮され、結局、第3戦は中止された。以後20年近く、早慶戦は行われなかった。

この間、復活話が持ち上がっては消えていたが、1925（大正14）年10月19日、ついに復活した。早慶戦の人気は高く、試合会場である早稲田大学戸塚球場には午前9時の開門を待ちきれないファンが早朝4時ごろから詰めかけていた。

その後、東京六大学による試合（1925年に開始）を含め、早慶戦は1927（昭和2）年以降、現在の明治神宮野球場で開催されるようになった。

永遠の宿敵だった水原茂と三原脩

早慶戦の詳細な勝敗については『早慶戦の百年』に譲るとして、戦前の早慶戦を語るうえで忘れられないのが、慶應の投手・3塁手、水原茂と、早稲田の2塁手、三原脩《おさむ》のライバル関係である。水原については、早慶戦最大の汚点ともいわれる「りんご事件」がいまも語り草になっている。

1933（昭和8）年秋の早慶戦第3戦、慶應の8回の攻撃中、1塁ランナーが2塁への盗塁を試みてセーフと判定された。これに対し、早稲田の遊撃手、高須清が抗議すると、なんと判定が覆《くつがえ》り、アウトとなった。慶應の3塁ベースコーチをしていた水原茂が塁審に詰め寄って抗議したが、判定は覆らなかった。

慶應の応援団が激昂《げっこう》したのはいうまでもない。早稲田の応援団も同様で、興奮のあまり、3塁の守備についた水原の近くに、りんごの芯やごみなどを投げつけた。それを水原がスタンドに投げ返したことから、両校の応援団はますます興奮し、試合後も応援団の乱闘が続いたという。

水原の〝天敵〟といわれた三原は、「りんご事件」が起きる2年前、1931（昭和6）年春の早慶戦第2戦で、投手水原に対してホームスチールを敢行して成功したことがあった。このとき、三原が水原に向かって、「水原、文句あるか」と叫んだという話もある。

こうして、水原と三原はライバルとなっていったが、2人をめぐる確執《かくしつ》は旧制中学時代にさかのぼる。2人はともに香川県に生まれ育ち、商店主の息子であった水原は高松商業学校（現・高松商業高校）、大地主の息子であった三原は高松中学（現・高松高校）で野球生活を送っていた。高松商業と高松中学は野球ではライバル関係にあり、全国中等学校優勝野球大会（現・全国高等学校野球選手権大会）への出場をかけて激しく競っていた。このころからすでに、2人は〝天敵〟だったともいえる。

水原は高松商業学校を卒業後、慶應義塾大学（予科）に進学する。これには、1年先輩に豪腕投手で鳴らした宮武三郎がいたことや、同級生の井川喜代一《きよかず》、堀定一らが慶應に進学することが影響したようだ。野球をはじめスポーツの世界では、学校の先輩（いわゆるOB）や同級生の存在が、進学先や就職先の決定に大きな影響をおよぼすことを記憶しておいていただきたい。

いっぽうの三原は、進学校の学生らしく、金沢の第四高等学校（旧制四高《しこう》）を受験している。三原の父親は息子を官吏にしたかったらしいので、旧制高校→東京帝国大学→役人という出世コースをめざした可能性があり、旧制四高に進学したかったのかもしれない。

しかし、実際には、高松中学の先輩のスカウトにより早稲田大学（予科）に入学している。このことから考えると、旧制四高は不合格だったのかもしれない。とはいえ、早稲田に進学したからこそ、プロ野球選手、三原脩が誕生したのだともいえる。

水原も三原も夏の甲子園に出場した経験があり、水原は全国優勝2回、三原はベスト4まで進むなど、ともに野球歴は華やかであった。大学進学後も、それぞれ東京六大学のスター選手として鎬《しのぎ》を削った。その後、紆余曲折《うよきょくせつ》を経て、2人は日本初のプロ野球団体（現・巨人）に入団し、チームメートの間柄になった時期もあったが、必ずしも仲はよくなかった。

戦後、三原が巨人の監督をしていたとき、4年間のシベリア抑留から復員した水原が巨人に復帰したが、シーズン終了後、水原の起用をめぐって三原と選手とのあいだに対立が生じ、水原が新監督に就任するという話が持ち上がった。そして、三原は、九州・福岡に本拠地を置く〝野武士球団〟西鉄（現・西武）に都落ちをすることになる。ここでもまた、三原が水原をライバル視する要因が発生する。

その後、三原は西鉄の監督時代、日本シリーズで水原率いる巨人を破って一矢《いっし》を報い、以後は西鉄、大洋（現・横浜DeNA）などで名監督ぶりを発揮する。

ここで、特記しておくことがある。それは、巨人は伝統的に慶應閥といわれ、慶應出身者を好むということである。水原が慶應卒であるし、巨人のオーナーを長いあいだ務めた正力亨《とおる》（巨人の初代オーナーであった正力松太郎の長男）も慶應卒であることが関係しているのだろう。ついでながら、父親の正力松太郎は東京帝国大学（現・東京大学）の卒業であった。

慶應出身の選手、監督として大活躍した人物に、藤田元司（西条北→慶應）がいる。藤田は監督として、516勝361敗33分け、日本シリーズ優勝2回、リーグ優勝4回という華々しい成績を残している。また、現役選手では、高橋由伸（桐蔭学園→慶應）が、打率2割9分4厘《りん》、打点846点、ヒット1546本、ホームラン292本（2011年のシーズン終了時点）という実績をあげており、将来の監督候補の最右翼にいる。慶應と巨人の関係でいえば、スポーツの世界でも明確に学歴主義が生きていることがわかる。

慶應出身の巨人の選手で印象深いのは、上田和明（1984年のドラフト1位。八幡浜→慶應）と大森剛《たけし》（1989年のドラフト1位。高松商業→慶應）である。両人ともに巨人の慶應好みによってドラフト1位で選ばれた期待の選手だったが、1軍ではさほど活躍できなかった。野球は実力と実績がものをいう世界なので、慶應閥であっても芽が出ないのはしかたがない。

ただ、2人とも選手を引退後、巨人のフロントとして残っていることから、慶應閥がここで生きていると解釈することは可能だろう。ついでながら、大森は巨人の大先輩、水原と同じ高松商業出身である。

東京帝国大学が東京六大学リーグに入った謎

早慶戦が中止になっていたあいだ、明治大学が早稲田大学と慶應義塾大学に声をかけ、1914（大正3）年に早・慶・明の3大学でリーグ戦が始まった。現在の東京六大学野球リーグの起源である。

そして、3年後の1917（大正6）年に法政大学、それから4年後の21（大正10）年に立教大学、さらに4年後の25（大正14）年に東京帝国大学が参加して、東京六大学野球連盟が完成する。

3大学でリーグ戦を行うようになって以降も、早慶戦だけは行わないというたいへん奇妙な形態が続いていた。

東京帝国大学の参加を機に、明治大学を中心として「リーグ内で早慶戦を行うように」という強い要望が出された。慶應側はかたくなに拒否していたが、このままでは連盟から除名されるという危機が到来し、1925年に早慶戦が復活したのである。

ここで興味深いのが、東京帝国大学がこの大学野球リーグに加盟した経緯である。当時の大学は、官立重視、私学軽視が世の中に行き渡っており、帝国大学は私立大学よりも格が上と見なされていた。そのため、私立大学のみの野球リーグに官立大学を招くことについて、早稲田、慶應、明治、立教、法政の5大学は乗り気ではなかったと想像できる。同じ境遇にある私立大学で野球リーグをつくったほうが仲間意識が醸成されるし、戦いがいがあると考えるのが一般的だからである。

では、なぜ、東京帝国大学が加入したのだろうか。

明治・大正時代の私立大学は、「大学」という名称がついていても、専門学校令（1903年公布）によって「大学」と称することが認められていたにすぎなかった。すなわち、当時、大学といえるのは帝国大学しかなかったのである。つまり、早稲田大学、慶應義塾大学、明治大学、立教大学、法政大学はすべて専門学校令による名だけの大学であり、そこに東京帝国大学が加わるというのは、学生の年齢層も異なり、やや異様なことだった。

しかし、1918（大正7）年に大学令が公布され、20（大正9）年、早稲田大学、慶應義塾大学、明治大学、法政大学、中央大学などが正式に大学に昇格することになった（立教大学は22年）。この流れからいけば、大学野球リーグに中央大学が入ってもおかしくなさそうなものだが、実際には、中央大学ではなく東京帝国大学が加盟することになった。

この背景には、野球とはまったく関係のない学問上の対立があった。当時の法学界においいては、フランス法の伝統を尊重する明治大学や法政大学、ドイツ法を研究する東京帝国大学に対して、中央大学はイギリス法を尊重していたのである。

中央大学は、学問上の独立を保持するため、フランス法やドイツ法という大陸法を主眼とする大学で構成される野球リーグには加入しないことを決めた。当時の大学は法学がもっとも重要な学問であり、法学部の意向が尊重されたのである（とくに、中央大学における法学重視の精神は現在でも有名である）。

こうした背景のなかで、野球界の重鎮であり、早稲田大学野球部の監督でもあった飛田穂洲《とびたすいしゅう》の仲介によって、東京帝国大学の加盟という妥協案がまとまり、東京帝国大学が参加することになった。もちろん、日本一のエリート大学を無視することはできない、という思惑《おもわく》もあったことだろう。

学生野球における東大、京大の位置づけ

ここで、「イフ」の話になるが、中央大学が加盟した私立大学のみの東京六大学野球リーグと、東京帝国大学を含めたそれとを比較したとき、どちらがよかっただろうか。

かつて一高が野球の強豪として名を馳《は》せていた時期があったが、その後、弱くなったこと

はすでに述べた。東京帝国大学に入学するのは、一高など、学業を重視する旧制高校出身者が多かったから、東京帝国大学の野球部はたしかに弱かった。しかし、東京帝国大学が加わったことは、東京六大学野球連盟にとってもよかったのだ、と私たちは判断している。

なぜなら、学生野球は、あくまでも「学問が第一」という精神のもとで行われるものだから、東京帝国大学（戦後は東京大学）を外すと、その精神を象徴するものがなくなるからだ。とくに、学生野球がセミプロ化している現状を考えると、1校だけでも学業を重視する学校が加盟してくれているほうが、何かと好ましく思われる。

こうした考えを裏づけることが、戦後の関西六大学野球リーグでも発生した。旧・関西六大学リーグは、1931（昭和6）年の結成以来、私学の同志社大学、立命館大学、関西学院大学、関西大学、それに国立の京都大学、神戸大学で構成されていた。いずれも戦前からの歴史ある大学である。

ところが、1981（昭和56）年から82（昭和57）年にかけて、関西の大学野球界において野球連盟の再編が起きた。旧・関西六大学野球連盟に所属していた同志社大学、立命館大学、関西大学、関西学院大学、京都大学は、近畿大学を招聘《しょうへい》して、新しく関西学生野球連盟を発足させた。そして、旧・関西六大学野球連盟は、参加大学が替わったものの関西六大学野球連盟を継続することになった。神戸大学が関西学生野球連盟に加わらなかった意図は不明だが、神戸大学と同様に弱かった京都大学が退出することはなかった。

これは、東京六大学野球リーグにおける東大の位置と同じだと理解できる。ちなみに、東大も京大も、それぞれのリーグではもっとも弱いため、〝お荷物〟的な存在ではあるが、学問や研究ではきわめて優秀であるため退出の声はない。

東京六大学リーグを象徴する事件

話題を東京六大学野球リーグにもどそう。

戦争によって中断していた東京六大学野球リーグは、1946（昭和21）年春から新制大学によるリーグ戦が復活し、さまざまな逸話を残していく。ここでは、東京六大学野球リーグの特色を理解するうえで、次の2つの出来事を取り上げておこう。

①東大が2位になった

戦前、戦後を通じ、万年最下位だった東大が、一度だけ2位という好成績をあげたことがある。1946年春のリーグ戦である。

戦争直後の混乱期ということもあり、いままでのように3回戦うのではなく、対戦が1回だけだったことが東大に幸いした。試合経過を見ても、東大は運を呼び寄せたといえる。この試合経過については、伊藤智義氏原作のコミック『栄光なき天才たち』(集英社ヤングジャンプコミックス)から学んだものである。

東大の初戦の相手は明治大学であったが、明治のエース、小川が大不調で、東大は12対5で勝つ。

次は早稲田大学で、東大は8回の攻撃で3塁にランナーを置いていた。バッターの打った1塁ゴロが小石に当たり、バッターは1塁セーフ。3塁ランナーが生還し、東大は1対0でかろうじて勝利。

第3戦の立教戦では、8回裏に2対1で逆転し、9回表の立教の攻撃中に雨が降り出して雨天コールドゲームとなり、東大の勝利。

続く法政との試合は、延長12回、2対1のサヨナラゲームではあったが、わずか2安打の薄氷を踏む勝利だった。

すべてが幸運に恵まれた勝利であった。最後の慶應戦に勝利すれば、東大の全勝優勝となる。離れ業《わざ》が期待された。超満員の後楽園球場(このときはまだ神宮球場ではなかった)で行われた試合は、慶應も3戦全勝だったため、事実上の優勝決定戦であった。

東大の山崎諭《さとる》と慶應の大島信雄両投手の投げ合いで、6回まで両軍ゼロが続く。大島はのちに中日に入団したほどの好投手であり、東大は無安打だった。いっぽうの慶應は毎回のようにランナーを出すものの、無得点が続いた。

東大は幸運の女神に導かれて勝利を重ねてきたが、慶應が7回裏の攻撃に入ると、ついに東大はその幸運の女神に見放された。

慶應は1死1塁、別当薫（慶應屈指の好打者で、のちに阪神、毎日などで活躍する）がヒットエンドランを敢行するも3塁ゴロとなり、別当は1塁アウト。しかし、ランナーは3塁に走っており、東大の1塁手がサードに送球。このボールがランナーに当たり、レフトに転々とするあいだに生還した。東大は0対1で敗れた。

②早慶戦のスケジュール問題

東京六大学野球リーグでは、早慶戦はつねにリーグ戦の最後に行われる。なぜ、そのかたちが定常化しているのか、不思議に思っていた。

連盟の内規によると、前シーズンの優勝校と最下位校は、次のシーズンの最初に試合をすることになっている。1947（昭和22）年秋のリーグ戦は、優勝校が慶應で、早稲田は最下位であったから、内規によれば、翌年春のリーグ戦は最初に早慶戦が行われることになる。このとき、明治大学が内規の発令を要求したが、これが問題になったのである。

前出の『早慶戦の百年』には、なぜ理事会で慣例が破られなかったのかについては書かれていない。そこで、私たちの想像を書いておくが、

①早慶戦の人気に敬意を払った。

②私立大学における早稲田、慶應の地位の高さに、ほかの私立大学が反抗を控えた。

ということに尽きるようだ。

さらに、私立大学をメンバーとする大学団体である日本私立大学連盟は、戦前からこれまで、早稲田か慶應の学長が会長になることがほとんどであった。ついでながら、国立大学協会の会長には東大の学長がつくことが多く、そのことが東京六大学野球リーグから東大を退出させられない事情の1つでもある。

さらに述べておくと、あまりにも弱い東大を東京六大学野球リーグから排除するかどうかについて、戦後のあるとき、議論になったことがある。東大が弱すぎるので、ほかのチームが戦意を喪失《そうしつ》するというのだ。

しかし、理事会は、明治大学野球部監督、島岡吉郎の鶴のひと声によりそれを決めなかった。島岡は、勉強のよくできる東大生を好んでいた、とされている。

全国中等学校優勝野球大会の始まりとその後の発展

学生野球が隆盛するにつれ、野球は高等教育機関のみならず、中等学校においても人気が高まっていった。すなわち、修業年限5年の旧制中学校、商業学校、工業学校などで盛んだったほか、教員養成機関である師範学校でも野球が行われていた。

そして、各学校が対抗戦をするなどして野球を楽しんでいたが、1915（大正4）年、大阪朝日新聞社が全国の中等学校を集めて全国中等学校優勝野球大会を催すことになった。最初のころは、各地の予選を勝ち抜いた代表校が、大阪の豊中球場や兵庫の鳴尾球場で競っていたが、1924（大正13）年からは、このために新設された甲子園球場で行われ、現在にいたっている。甲子園球場は当時の球児にとってあこがれの的であり、「聖地」といわれるようになった。

なぜ、大阪朝日新聞社が全国大会を開催するようになったのか。1911（明治44）年、「東京朝日新聞」が、野球ばかりして勉強しないとか、素行不良、応援団のケンカなどを理由に「野球は害である」というキャンペーン記事を連載した。これが読者の反感を買い、販売部数が低下した。売り上げを挽回するために、国民のあいだで人気が高かった野球の全国大会を企画・実行し、報道したのである。

もう1つ、なぜ、関西地区で全国大会が発祥したのかについては、次にまとめておく。

①朝日新聞社の発祥が大阪であり、本社が大阪にあった。
②当時、大阪は商業都市として勢いがあり、人口が多かった（東京一極集中ではなかった）。
③当時、中等学校の野球は関東よりも関西で人気があり、強い学校が西日本に多かった。

ついでながら、日本のマスコミ各社は学生スポーツに肩入れする傾向が強い。たとえば、戦前には大阪毎日新聞社が全国中等学校蹴球大会を主催した。現在では、毎日新聞社が選抜高等学校野球大会（春のセンバツ）を主催している。また、読売グループは全国高校サッカー選手権大会や箱根駅伝と深くかかわっている。

中等学校野球の特色

さて、戦前の中学校で野球が強かった学校について述べておこう。

106～107ページの表は、全国中等学校優勝野球大会と、戦後の全国高等学校野球選手権大会の優勝校と準優勝校をまとめたものである。

この大会は、各地の予選を勝ち抜くだけでもたいへんであったから、本来なら出場したすべての学校について議論をすべきである。しかし、それでは散漫になりかねないので、優勝校と準優勝校に注目し、戦前に行われた第26回大会までを中心に、次にまとめておこう。

①大会の初期は学業優秀校が強かった

たとえば、秋田中学（現・秋田高校）、愛知一中（現・旭丘高校）、神戸一中（現・神戸高校）、和歌山中学（現・桐蔭高校）、静岡中学（現・静岡高校）などの学業優秀な中学校が強かった。野球が日本で行われるようになったころは、一高がいちばん強かったことはすでに述べたが、中学でも同じようなことが起きていたのだ。

これは、野球というスポーツが学校に導入されるにあたって、まずは学業の水準が高い学校からというのが、高等教育と中等教育の双方で見られたからである。野球はアメリカ発祥の競技であり、そうした異国のスポーツに取り組むには、進取の気性に富み、新しいものに挑戦する気概が必要だったのである。しかし、その後は、一高と同様、学業を優先するようになり、名門中学校は徐々に弱くなっていった。

回	開催年	優勝校	準優勝校
46	1964年	高知(高知)	早鞆(山口)
47	1965年	三池工業(福岡)	銚子商業(千葉)
48	1966年	中京商業(愛知)	松山商業(愛媛)
49	1967年	習志野(千葉)	広陵(広島)
50	1968年	興國(大阪)	静岡商業(静岡)
51	1969年	松山商業(愛媛)	三沢(青森)
52	1970年	東海大相模(神奈川)	PL学園(大阪)
53	1971年	桐蔭学園(神奈川)	磐城(福島)
54	1972年	津久見(大分)	柳井(山口)
55	1973年	広島商業(広島)	静岡(静岡)
56	1974年	銚子商業(千葉)	防府商業(山口)
57	1975年	習志野(千葉)	新居浜商業(愛媛)
58	1976年	桜美林(西東京)	PL学園(大阪)
59	1977年	東洋大姫路(兵庫)	東邦(愛知)
60	1978年	PL学園(大阪)	高知商業(高知)
61	1979年	箕島(和歌山)	池田(徳島)
62	1980年	横浜(神奈川)	早稲田実業(東東京)
63	1981年	報徳学園(兵庫)	京都商業(京都)
64	1982年	池田(徳島)	広島商業(広島)
65	1983年	PL学園(大阪)	横浜商業(神奈川)
66	1984年	取手二(茨城)	PL学園(大阪)
67	1985年	PL学園(大阪)	宇部商業(山口)
68	1986年	天理(奈良)	松山商業(愛媛)
69	1987年	PL学園(大阪)	常総学院(茨城)
70	1988年	広島商業(広島)	福岡第一(福岡)
71	1989年	帝京(東東京)	仙台育英(宮城)
72	1990年	天理(奈良)	沖縄水産(沖縄)
73	1991年	大阪桐蔭(大阪)	沖縄水産(沖縄)
74	1992年	西日本短大付(福岡)	拓大紅陵(千葉)
75	1993年	育英(兵庫)	春日部共栄(埼玉)
76	1994年	佐賀商業(佐賀)	樟南(鹿児島)
77	1995年	帝京(東東京)	星稜(石川)
78	1996年	松山商業(愛媛)	熊本工業(熊本)
79	1997年	智辯和歌山(和歌山)	平安(京都)
80	1998年	横浜(東神奈川)	京都成章(京都)
81	1999年	桐生第一(群馬)	岡山理大付(岡山)
82	2000年	智辯和歌山(和歌山)	東海大浦安(千葉)
83	2001年	日大三(西東京)	近江(滋賀)
84	2002年	明徳義塾(高知)	智辯和歌山(和歌山)
85	2003年	常総学院(茨城)	東北(宮城)
86	2004年	駒大苫小牧(南北海道)	済美(愛媛)
87	2005年	駒大苫小牧(南北海道)	京都外大西(京都)
88	2006年	早稲田実業(西東京)	駒大苫小牧(南北海道)
89	2007年	佐賀北(佐賀)	広陵(広島)
90	2008年	大阪桐蔭(北大阪)	常葉菊川(静岡)
91	2009年	中京大中京(愛知)	日本文理(新潟)
92	2010年	興南(沖縄)	東海大相模(神奈川)
93	2011年	日大三(西東京)	光星学院(青森)
94	2012年	大阪桐蔭(大阪)	光星学院(青森)

全国中等学校優勝野球大会および全国高等学校野球選手権大会の優勝校と準優勝校

回	開催年	優勝校	準優勝校
1	1915年	京都二中(京都)	秋田中(秋田)
2	1916年	慶應普通部(東京)	市岡中(大阪)
3	1917年	愛知一中(愛知)	関西学院中(兵庫)
4	1918年	(本大会は開催されず)	
5	1919年	神戸一中(兵庫)	長野師範(長野)
6	1920年	関西学院中(兵庫)	慶應普通部(東京)
7	1921年	和歌山中(和歌山)	京都一商(京都)
8	1922年	和歌山中(和歌山)	神戸商業(兵庫)
9	1923年	甲陽学院中(兵庫)	和歌山中(和歌山)
10	1924年	広島商業(広島)	松本商業(長野)
11	1925年	高松商業(香川)	早稲田実業(東京)
12	1926年	静岡中(静岡)	大連商業(満州)
13	1927年	高松商業(香川)	広陵中(広島)
14	1928年	松本商業(長野)	平安中(京都)
15	1929年	広島商業(広島)	海草中(和歌山)
16	1930年	広島商業(広島)	諏訪蚕糸(長野)
17	1931年	中京商業(愛知)	嘉義農林(台湾)
18	1932年	中京商業(愛知)	松山商業(愛媛)
19	1933年	中京商業(愛知)	平安中(京都)
20	1934年	呉港中(広島)	熊本工業(熊本)
21	1935年	松山商業(愛媛)	育英商業(兵庫)
22	1936年	県岐阜商業(岐阜)	平安中(京都)
23	1937年	中京商業(愛知)	熊本工業(熊本)
24	1938年	平安中(京都)	県岐阜商業(岐阜)
25	1939年	海草中(和歌山)	下関商業(山口)
26	1940年	海草中(和歌山)	島田商業(静岡)
27	1941年	(本大会は開催されず、1945年まで)	
28	1946年	浪華商業(大阪)	京都二中(京都)
29	1947年	小倉中(福岡)	県岐阜商業(岐阜)
30*	1948年	小倉(福岡)	桐蔭(和歌山)
31	1949年	湘南(神奈川)	岐阜(岐阜)
32	1950年	松山東(愛媛)	鳴門(徳島)
33	1951年	平安(京都)	熊谷(埼玉)
34	1952年	芦屋(兵庫)	八尾(大阪)
35	1953年	松山商業(愛媛)	土佐(高知)
36	1954年	中京商業(愛知)	静岡商業(静岡)
37	1955年	四日市(三重)	坂出商業(香川)
38	1956年	平安(京都)	県岐阜商業(岐阜)
39	1957年	広島商業(広島)	法政二(神奈川)
40	1958年	柳井(山口)	徳島商業(徳島)
41	1959年	西条(愛媛)	宇都宮工業(栃木)
42	1960年	法政二(神奈川)	静岡(静岡)
43	1961年	浪商(大阪)	桐蔭(和歌山)
44	1962年	作新学院(栃木)	久留米商業(福岡)
45	1963年	明星(大阪)	下関商業(山口)

*)学制改革実施により、第30回より全国高等学校野球選手権大会に改称

②1920年代ごろから商業学校が台頭する

この時代は、京都第一商業（現・西京高校）、神戸商業、広島商業、松本商業（現・松商学園高校）、高松商業、中京商業（現・中京大学附属中京高校）、松山商業、育英商業（現・育英高校）、県立岐阜商業などの商業学校が頭角を現してきた。とくに、四国の高松商業、松山商業、徳島商業、高知商業は「四国四商」と呼ばれ、強豪校として恐れられた。

これらの商業学校は戦後も強豪校として鳴らし、一時期は甲子園は商業高校の独擅場でもあった。これには、当時、運動能力の高い生徒が商業学校に集まったことが大きい。

その理由は、普通高校は多くの場合、小学区制であったが、実業高校は大学区制だったので広い地域から生徒を集めることができたし、また入学試験が普通高校よりすこしやさしかったからである。しかし、現在は女子生徒が多数派となり、男子生徒が少なくなったため、かつての強さは見られなくなった。

③工業学校は一般に弱かった

工業学校が弱かったのは、学業や実習に時間を取られたからである。また、商業学校の野球が強かったので、商業学校や工業学校などの実業学校に進む者のうち、野球に関心のある生徒は工業学校に進学しなくなったという背景もある。

例外は、熊本県立工業学校（現・熊本工業）だ。夏の甲子園にはたびたび出場し、準優勝もしている。巨人の大打者であり、巨人V9の黄金時代を築いた名監督の川上哲治は同校の出身であるし、現役では広島の前田智徳、中日の荒木雅博などがいる。

④公立と私立はほぼ拮抗している

戦前は、どの学校も、身体能力の高い生徒や、野球の上手な生徒を優先的に入学させることはなかった。そのため、公立学校と私立学校のどちらかが一方的に強いということはなかった。学校で野球だけをやることはなく、あくまでも学業の合間に野球をするという雰囲気であった。

しかし、公立、私立を問わず、野球の練習をよくする学校と、勉強をよくする学校とのあいだで差があったことは否定できないし、一部に野球に強い学校も出現してきた。野球の好きな生徒が、そういう学校に集まるのは当然であった。

⑤強豪校が西日本に集中していた

西日本でも、近畿、中国、四国地方に強豪校が多く、とりわけ兵庫県、京都府、和歌山県、広島県、香川県、愛媛県、そして例外として東海地方の愛知県などが野球王国であった。大阪府は、戦前に市岡中学（現・市岡高校）が準優勝しているが、最強豪となるのは戦後になってからである。

東日本で強かったのは、慶應義塾や早稲田実業がある東京近辺のみであり、北陸や東北、北海道が強くなるのは最近になってからである。冬の雪による練習不足を室内練習場でカバーしたり、野球の強い地域から野球留学生が来るようになったりしたためである。

2 学生サッカーが発展した経緯

日本初のサッカーチームは東京高等師範だった

サッカーの起源は、古い時代のイギリスにおいて、城門にボールを蹴り込んだことが最初とされ、長い歳月をかけてイギリスで競技として確立した。

その後、1863年にフットボール・アソシエーション（FA）が設立され、統一ルールがつくられた。エリート校として知られるイギリスのパブリックスクールが、チームスピリットを重視して団体競技を奨励したため、サッカーは学校スポーツとして発展した（パブリックスクールについては、橋木俊詔著『灘校』〈光文社新書〉を参照していただきたい）。ついでながら、イギリスで発祥したサッカーは、折りしも大英帝国が「七つの海を制する」状態であったため全世界に普及した。

日本でサッカーの正式な試合が行われたのは、1888（明治21）年、横浜と神戸の外国人クラブ間の定期戦だったとされている（『大学サッカーの断想』五島祐治郎著、晃洋書房）。いっぽう、『日本サッカー史』（後藤健生著、双葉社）によると、1873（明治6）年に、のちに海軍兵学校と工部大学校と称されることになる学校で学生がスコットランド人からサッカーを学んだ、とされている。

ただし、当時はフットボール（サッカー）とラグビーの名称の使い分けが明確ではなく、海軍兵学校や工部大学校で行われたものが確実にサッカーであったとはいいがたい。また、正式な試合が行われたのを始まりとするか、それとも学校内で試合を楽しんだことも始まりとするかによって、日本における「サッカー最初の日」は異なる。

日本で公式のサッカー部（当時はフットボール部と呼ばれた）が創設されたのは、1896（明治29）年、高等師範学校（現・筑波大学）においてである。ちなみに、高等師範学校は、1902（明治35）年に広島高等師範学校が設置されるのにともない、東京高等師範学校に改称された。もっとも、中等学校を含めれば、1889（明治22）年に兵庫県尋常師範学校にサッカーチームが創設されているので、こちらのほうがより古いともいえる。

高等師範学校は、旧制中学や女学校の教師を養成する学校であり、体育教師を育てることも1つの役割であった。そうしたことから、自然とサッカーがスポーツの1競技として採用されたのである。そして、卒業生らが各地の中学校や師範学校に赴任し、サッカーが各地の学校で普及していった。こうして、サッカーが中学校と師範学校で有力なスポーツになっていったのである。

浦和レッズのエンブレムに息づく伝統

なぜ、日本最初のサッカー部が高等師範学校で創設されたのかについては、その前身の1つである体操伝習所から説明しておかなければならない。

1871（明治4）年に文部省が創設され、教育の一環として体育教育を施すために、1878（明治11）年、体操伝習所が設立された。ここでは、体育に加えて、生理学、解剖学なども教え、在校生は体育教師として養成された。この体操伝習所が、1886（明治19）年、高等師範学校に吸収されたのである。

前出の『日本サッカー史』には、東京高等師範学校を卒業して各地の師範学校に赴任した人たちのことが記されている。それによれば、1906（明治39）年卒業の堀桑吉が愛知第一師範学校（現・愛知教育大学）に、1908（明治41）年卒業の細木志朗が埼玉師範学校（現・埼玉大学教育学部）に、1909（明治42）年卒業の内野台嶺《たいれい》が豊島師範学校（現・東京学芸大学）に、同じく1909年卒業の玉井幸助が御影師範学校（現・神戸大学発達科学部）に、1911（明治44）年卒業の松本寛次が広島一中（現・広島国泰寺高校）に赴任している。

彼らは赴任先の学校でサッカー部をつくり、サッカーの普及に貢献した。お察しのとおり、これらの地域はいずれもサッカーが盛んな地として有名であり、「サッカー王国」の名をほしいままにした。ちなみに、浦和レッズのエンブレムの上には、埼玉師範学校の校舎であった鳳翔閣《ほうしょうかく》が描かれている。東京高等師範学校から始まったサッカーの流れがここまで生きつづけていることは、感動的ですらある。

1917（大正6）年、東京・芝浦で第3回極東選手権競技大会（日本ではじめて開催された国際スポーツ大会）が開催されたが、サッカーの代表チームとして出場したのは東京高等師範学校の単独チームであった。というのも、当時、東京高等師範学校以外の学校では、まだそれほどサッカーが普及していなかったため、東京高等師範学校に頼らざるをえなかったのである。

この大会では、日本は中華民国（現・中華人民共和国）に0対5で敗れ、フィリピンにも2対15で大敗するなど、日本のサッカーの技術水準は非常に低いものであった。コーナーキックからのボールをヘディングシュートするテクニックすら知らなかったほどで、技術的にはかなり遅れていた。

そして、前出の『大学サッカーの断想』によると、1919（大正8）年、マニラで行われた第4回極東選手権競技大会では、東京高等師範学校の校長を務めていた嘉納治五郎《かのうじごろう》が学業への支障になるとして、学生を代表選手として派遣することに反対した。結局、日本はこの大会には参加しなかった、と記されている。

ちなみに、嘉納治五郎は講道館柔道の創始者として知られ、灘高校の前身である旧制灘中学校の顧問でもあった。学業とスポーツの両立問題は、東京高等師範学校でも大きな問題であったことを強調しておきたい。

次いで、上海で行われた第5回大会では、単独チームは弱いという反省から、各学校やクラブチームから選手を選抜するようになった。具体的には、東京蹴球団（いろいろな学校の卒業生で構成される、いまでいうクラブチーム）から7人、東京高等師範学校から4人、東京帝国大学から1人が選ばれている。

ちなみに、東京帝国大学からただ1人参加した野津謙《ゆずる》は、のちに日本サッカー協会（JFA）の第4代会長になっている。ここでも、学歴社会の顔がうかがえる。なお、日本代表チームは、この大会でも中華民国とフィリピンに敗れている。まだまだ技術水準が低かったようだ。

日本代表チームがヨーロッパの強国を破る

東京高等師範学校を中心とするチームでは国際試合における成果が芳《かんば》しくなかったため、なんとしても学生サッカーの水準を高めようという気運が高まってきた。それには東京六大学野球リーグのように、大学、旧制高校、高等師範学校、高等専門学校などがリーグをつくり、ひんぱんに対抗戦を行う必要があるというのが衆目の一致するところであった。

そして、関東では、1922（大正11）年、東京高等師範学校、東京帝国大学、早稲田高等学院、東京商科大学（現・一橋大学）による大学専門学校4校リーグが発足した。なお、前出の『日本サッカー史』では、東京商科大学ではなく慶應義塾大学となっているが、これはたぶんまちがいだろう。慶應が加盟したのは、その2年後である。

大学専門学校4校リーグはその後、中止され、1924（大正13）年にア式（アソシエーション式）蹴球東京コレッヂリーグとして再開された。1部、2部の12校が参加して競うことになり、早稲田大学が強豪校として登場してきたことを強調しておく。この組織が、のちに関東大学サッカーリーグへと発展することになる。

いっぽう、関西でも1923（大正12）年、関西大学、神戸高等商業学校（現・神戸大学）、関西学院大学の3校によるリーグ戦が始まり、これがその後、関西学生サッカーリーグとして発展していく。

ここで、関東と関西の大学サッカーリーグについてくわしく述べる前に、戦前の日本サッカー界で特記すべき点を述べておく。すなわち、ベルリン・オリンピックにおける対スウェーデン戦での勝利である。

1936（昭和11）年、弱いと見られていた日本代表チームが、ヨーロッパの強国スウェーデンを3対2で破るという予想外の大事件が起きた。ここでの関心は、日本代表チームの選手構成にある。それまで日本のサッカー界は学生チームが中心であったと強調してきたが、オリンピックの代表選手はどうだったのか確認しておこう。

119ページの表は、ベルリン・オリンピックの日本代表チームの監督と選手（16人）の名前と所属を示したものだ。この表からわかることを、まとめておく。

①選手の年齢

金容植以外は、全員が学生選手である（竹内悌三、種田孝一、立原元夫は大学を卒業して社会人）。

②学校別の構成

学校別の構成に注目すると、早稲田大学が高等学院を含めて10人で、半数以上を占めている。かつては東京帝国大学が大学サッカー界の覇者《はしゃ》であったが、このころは早稲田が常勝校となっていたので、早稲田の学生ないし出身者が多いのは自然であった。ちなみに、監督の鈴木重義も早稲田サッカー部の創設時のメンバーであった。

③東京帝国大学のサッカー選手

東京帝国大学が卒業生も含めて3人もいることが意義深い。現代では、東大の学生が日本代表として選ばれることはほとんどないが、当時のサッカー界では不思議ではなかった。というのも、サッカーをやっている学校が少なかったので、東大の学生もオリンピックの代表選手に選ばれたのである。

④関東の学校関係者

⚽ベルリン・オリンピック(1936年)日本代表チーム

ポジション	氏名	年齢	所属
監督	鈴木重義	33	
GK	佐野理平	23	早稲田大学
	不破整	22	早稲田高等学院
FB	竹内悌三	28	東京帝大出身
	鈴木保男	23	早稲田大学
	堀江忠男	22	早稲田大学
HB	金容植	26	京城蹴球団
	立原元夫	23	早稲田大学出身
	笹野積次	22	早稲田大学
	種田孝一	26	東京帝大出身
FW	西邑昌一	24	早稲田大学
	右近徳太郎	22	慶應義塾大学
	川本泰三	22	早稲田大学
	松永行	21	東京高等師範学校
	加茂健	21	早稲田大学
	高橋豊二	23	東京帝大
	加茂正五	20	早稲田大学

出所)後藤健生『日本サッカー史』(双葉社)をもとにすこし修正

不思議なことだが、日本代表チームのメンバーは全員が関東の大学の関係者であり、関西を含めて、関東以外からは選ばれていない。その理由として、1つには、とくに関西学院大学を中心とする関西の大学が東京の大学に拮抗《きっこう》するようになるのは戦争直後からであって、当時の大学サッカーの中心は関東であったこと、2つには、チームとしてのまとまりを強くするには、日ごろ関東リーグで対戦して、お互いによく知っている者どうしがチームを結成するほうがよいと判断されたからだろう。

サッカーの強豪大学は関東と関西に集中している

五島氏は『大学サッカーの断想』のなかで、関東大学サッカーリーグと関西学生サッカーリーグに所属する大学別に、各年の順位を一覧表にするという丹念な仕事を行っている。関東は1923（大正12）年から2006年まで、関西でも同じ年代をカバーしたほぼ80年間の成果である。なお、戦争中の3年間、リーグ戦は中止されている。

次ページの表は、関東リーグと関西リーグにおける大学別の優勝回数をまとめたものである。この表によると、関東では早稲田大学が25回優勝、関西では関西学院大学が26回優勝し、圧倒的な強さを誇っている。サッカーにおける東西の両巨頭といってよい。

筑波大学の好成績は、前身である東京高等師範学校の強さを反映するので当然としても、戦後もかなりの強豪であったことがわかる。国立大学ながら、サッカー重視の伝統が生きているが、これは体育系の専攻があることが大きい。また、大阪商業大学は戦後、強豪校となった。

もっとも興味深いのは、東大、京大というエリート大学がかなりの好成績を示していることだが、これは戦前の成績が大きく影響しているにすぎない。実際、戦後は一度も優勝して

⚽関東、関西の両サッカーリーグにおける大学別優勝回数

関東リーグ		関西リーグ	
大学名	優勝回数	大学名	優勝回数
早稲田大学	25	関西学院大学	26
筑波大学	14	大阪商業大学	18
東京大学	9	関西大学	12
国士舘大学	9	京都大学	6
慶應義塾大学	7	同志社大学	4
中央大学	5	阪南大学	3
立教大学	3	立命館大学	3
法政大学	3	神戸大学	2
駒澤大学	3	大阪経済大学	2
明治大学	1	大阪体育大学	2
日本体育大学	1	近畿大学	1
東海大学	1	桃山学院大学	1
順天堂大学	1		
流通経済大学	1		

注）すべての学校がリーグ創設以来のメンバーではないので、優勝回数によって強豪校か弱体校かの比較はできない
出所）五島祐治郎『大学サッカーの断想』（晃洋書房）

いない。

戦前、サッカーは学業に強い大学で人気が高く、それに加えて競技人口が少なかったこと、ほかの大学がそれほどサッカーに熱心でなかったことが影響している。戦後はサッカー熱が高まり、サッカー部をもつ大学が増加したため、必然的に東大と京大は弱くなっていった。

ついでながら、関東大学サッカーリーグと関西学生サッカーリーグの優勝校どうしが試合をする制度があり、1929〜65年の37年間にわたって行われた。この試合での優勝回数は、早稲田大学が16回、関西学院

大学が8回、慶應義塾大学が6回、東京大学（東京帝国大学も含む）が4回、立教大学と関西大学が2回、東京教育大学（現・筑波大学）と明治大学が1回であった。

これを見ても、早稲田大学が学生サッカー界の王者であることがよくわかるし、関西学院大学がそれに次いでいるとはいえ、全般で評価すれば、関東の大学のほうが関西よりも強いことは明らかである。

ただ、これでは、関東と関西以外の大学が排除されているという欠陥があるので、それを補うために、全国の大学が参加可能な全日本大学サッカー選手権大会について見ておこう。

次ページの表は、その大会における決勝進出回数と優勝回数を大学別に示したものである。やはり、早稲田大学が最強の大学であることがわかる。

さらに、関東と関西のサッカーリーグに所属する大学が圧倒的に多いので、サッカーに関しては、関東と関西の大学がほかの地域の大学より強いといえる。

ただし、これは、地方の学校に優れた選手がいなかったということではない。そういう地方で育った生徒も大学に進学するときには、関東や関西の大学サッカー部に入部するからである。

全日本大学サッカー選手権大会における決勝進出回数と優勝回数

大学名	決勝進出回数	優勝回数
早稲田大学	18回	11
中央大学	15回	8
筑波大学	12回	8
駒澤大学	8回	6
国士舘大学	9回	4
大阪商業大学	7回	4
順天堂大学	5回	3
慶應義塾大学	3回	3
法政大学	8回	2
東海大学	6回	2
日本体育大学	3回	2
立教大学	4回	1
明治大学	3回	1
関西大学	2回	1
大阪体育大学	1回	1
中京大学	1回	1
東京大学	1回	1
日本大学	1回	1
専修大学	1回	1
福岡大学	2回	0
同志社大学	1回	0
立命館大学	1回	0
東北学院大学	1回	0
大阪経済大学	1回	0
東京農業大学	1回	0

注）自由参加制時代も含む
出所）五島祐治郎『大学サッカーの断想』（晃洋書房）をもとに新しいデータを加えて筆者作成

サッカーによる「文武両道」の成就

最後に、重要なことを指摘しておこう。

1993年にJリーグが創設されてから、サッカーが上手な高校生選手のほとんどがプロのチームに入り、少数の優秀選手しか大学に進まなくなった。そのため、いまや大学サッカーの水準はかなり低下している。

したがって、ここでの大学サッカーの話題は、1980年代までの、大学サッカーの水準が高かったころの話である。そのために、戦前と戦後の大学サッカーを通して議論した。

ところで、第1章で、大卒の選手はほかの要因をコントロールするとかなりいい仕事をしていることを示した。新制高校のサッカーについては第1章で述べたので、ここでは旧制中学について論じておこう。

たとえば、東京高等師範学校を卒業した河本春男が1932(昭和7)年に神戸一中に着任すると、この学校のサッカーが強くなったことが、『大学サッカーの断想』のなかで紹介されている。これは、河本の指導がよかったのと、身体能力の高い生徒がサッカー部に入部し、よく練習に励んだからでもある。

実際、神戸一中は、1932〜39年の8年間に全国中等学校蹴球選手権大会で4回も優勝（1934年の臨時大会を含む）するほどの強豪校であった。卒業生は旧制高校や旧制大学で大活躍した。学業に強い兵庫県ナンバーワンの中学校であるから、進学先も学問水準の高い旧制高校が多いことは容易に推測できる。

このことから、少なくとも戦前においては、サッカーが「文武両道」を成就《じょうじゅ》する運動種目であったことを物語っている。ついでながら、兵庫県はサッカー王国として有名だが、神戸一中がその原動力なのである。

似たようなことは、旧制広島一中、浦和中学、静岡中学、その近辺の旧制中学や師範学校でも発生した。兵庫、広島、埼玉、静岡の各県は、サッカー王国としてつとに有名である。戦前のみならず戦後においても、これらの地域から有名なサッカー選手が多く輩出していることはよく知られている。しかも、「文武両道」という特色を兼ね備えていたのである。

緻密な頭脳と優れた経営能力でサッカー界に貢献——岡野俊一郎

サッカー界における学歴の重みを象徴する人物として、岡野俊一郎を取り上げよう。

東京大学サッカー部のＯＢであり、ＪＦＡの会長やＩＯＣ（国際オリンピック委員会）委員などを務めたスポーツ界の要人である。彼の生い立ちとスポーツ人生は、『雲を抜けて、太陽へ！』（岡野俊一郎著、東京新聞出版局）を参考にした。

岡野は1931（昭和6）年、東京・上野にある老舗《しにせ》の和菓子屋の息子として誕生する。小学生のころから学業に優れ、名門といわれた旧制府立五中（現・小石川高校）を経て東大に入学する。旧制五中時代、同級生から「サッカー部に入らないか」と誘われて、サッカーを始めたというから、自分から進んでサッカーをしたいと思ったのではない。

中学時代の戦績としては、東京での中学大会で優勝する。当時、サッカーが強い学校といえば、岡野が強調するように進学校が多かった。埼玉の旧制浦和中学（現・浦和高校）、神奈川の旧制湘南中学（現・湘南高校）、山梨の韮崎中学（現・韮崎高校）、東京では東京高等師範学校附属中学（現・筑波大学附属高校）、旧制八中（現・小山台高校）、旧制十中（現・西高校）など、これらの学校は戦後も進学校として名高い。

全国大会では、これも名門である広島高等師範学校附属中学（現・広島大学附属高校）と1回戦で当たって敗戦する。このとき対戦した長沼健（関西学院大学へ進学）とはその後、盟友となり、JFAの会長・副会長として仕事を共有することになる。

戦後、学制改革によって旧制五中は小石川高校となり、岡野は小石川高校から東大に合格する。すぐにサッカー部に入り、1年生でレギュラーとなる。

東大は過去には関東大学リーグで6連覇を果たすほどの強豪校であり、1953(昭和28)年の第1回全国大学蹴球大会ではなんと優勝もしている。東大の入学試験は昔以上に難しくなっており、しかもほかの大学がスポーツに強くなったので、サッカーを含めてほとんどのスポーツにおいて全国優勝というのはいまでは無理であろう。

岡野はサッカーに打ち込んだことで、意図的と非意図的な理由が混在して、企業や役所に就職せず、家業を継ぐことにする。家業によって経済的な保障があり、その後もサッカーの能力と頭のよさから、求められてサッカー界の仕事に従事する。

おもな仕事をあげれば、日本サッカー界が最初に招聘したドイツ人コーチ、クラマーのアシスタントコーチと通訳、日本代表チームの長沼健監督のもとでのコーチ(のちに監督)、サッカー協会の理事(のちに副会長、会長)、そしてスポーツ全般としてJOC(日本オリンピック委員会)の理事(のちに総務主事、専務理事)、IOC委員などの要職を歴任する。

日本のサッカー界、スポーツ界における岡野の功績は大きい。テレビ放送の解説によく登場し、その歯切れのよい解説を個人的には気に入った記憶がある。

岡野を総合的に評価すれば、たとえば、八重樫茂生、杉山隆一、釜本邦茂、三浦知良、中田英寿、香川真司といったサッカーのスター選手というよりも、緻密《ちみつ》な頭脳と優れた経営能力に裏づけられたサッカー界とスポーツ界における花形の指導者・管理者と呼んだほうがふさわしい。

企業スポーツから脱し、サッカーのプロ化に邁進――川淵三郎

日本初のプロサッカーリーグ、Jリーグの初代チェアマンとなった川淵三郎は、サッカー界に多大な貢献をした人物である。川淵が大学サッカーの最強豪校であった早稲田大学の卒業生であることも、ここで取り上げる理由の1つである。川淵の人生については、『「J」の履歴書』（川淵三郎著、日本経済新聞出版社）を参照した。

川淵は1936（昭和11）年に大阪で生まれ、高校まで大阪で過ごす。中学時代は野球もサッカーもできる体の強いスポーツ好きの少年であったが、進学校の三国丘高校に進学してからはサッカーに特化する。

「サッカーをすれば夏休みに四国遠征に行ける」という甘い言葉に乗ったというから、心からサッカーをしたいという動機ではない。これはほかの多くの人にも当てはまる単純な動機であり、違和感はまったくない。

もっとも、三国丘高校は、川淵が入学する前年の全国大会で準優勝を遂げるほどの強豪校であったことも魅力であった。ここでも学業に強い学校がサッカーにも強いことがわかる。ついでながら、ワールドカップ日本代表の監督を二度も務めた岡田武史も、同じ大阪の名門、天王寺高校から早稲田大学に入学している。

川淵に関して興味を引く事実は、2浪していることである。現役のときは大阪大学、1浪のときは大阪市立大学と早稲田大学の受験に失敗している。これについて、もし大阪大学か大阪市立大学に入学していれば、現在の川淵三郎は存在しなかっただろう、とほぼ確実にいえる。

というのも、早稲田大学に進学してサッカーを続けたからこそ、いまの川淵があるのであり、もし大阪大学か大阪市立大学に進学していれば、弱いサッカーチームで埋もれただろうと予想できる。あるいは、サッカーを続けていなかったかもしれない。私たちは、入学を認めなかった阪大や大阪市大に感謝すべきかもしれない。結局、川淵はいまでいうセレクションのおかげもあって、早稲田大学商学部に入学する。

本人の言によると、浪人中は勉強もせずにサッカーばかりやって鍛えていたらしく、入学後は1年生でレギュラーとなる。早稲田では主力選手として活躍し、1957（昭和32）年の東西大学対抗戦では関西学院に勝利し、日本代表チームにも呼ばれるようになった。

卒業後、川淵は実業団の強豪、古河電気工業に入社する。当時のサッカーは大学の優位性があったので、大学サッカーの有力選手が企業に入ることで企業チームが強くなっていた。ほかに、日立製作所、三菱重工、八幡製鐵、ヤンマー、東洋工業などがサッカーチームを抱えるようになっていた。

1965（昭和40）年、これらの実業団が日本リーグを形成し、実業団の王者を決めるリーグとなり、セミプロチームが日本でも設立された。大学生選手よりも、実業団の選手がサッカーの中心に移っていった事実を、1968（昭和43）年のメキシコ・オリンピックの代表選手のリスト（次ページ参照）で知ることができる。

じつは、川淵三郎の自伝のなかで、私たちがもっとも関心をもったのは、サッカー選手や監督とサラリーマン生活という〝二足のわらじ〟をいかに両立させうるか、という箇所であった。これは、橘木俊詔著『企業福祉の終焉』（中公新書）で論じた企業福祉に関することだからである。

企業がスポーツを奨励するのは企業福祉の一環である。企業福祉をうまく運営するのはたいへんであり、とくに不況のときや低成長時代ともなればなおさらである。むしろ企業は福

⚽メキシコ・オリンピック(1968年)日本代表チーム

ポジション	氏名	年齢	所属
監督	長沼健	38	
GK	横山謙三	25	三菱重工※
	浜崎昌弘	28	八幡製鐵
FB	鎌田光夫	30	古河電工※
	宮本征勝	30	古河電工※
	鈴木良三	28	日立製作所※
	片山洋	28	三菱重工※
	富沢清司	24	八幡製鐵※
	山口芳忠	24	日立製作所※
HB	八重樫茂生	35	古河電工※
	宮本輝紀	27	八幡製鐵※
	小城得達	25	東洋工業※
	森孝慈	24	三菱重工※
	湯口栄蔵	23	ヤンマー
FW	渡辺正	32	八幡製鐵※
	杉山隆一	27	三菱重工※
	松本育夫	26	東洋工業
	桑原楽之	25	東洋工業
	釜本邦茂	24	ヤンマー※

注)※印は東京オリンピックのメンバー
出所)後藤健生『日本サッカー史』(双葉社)

祉から撤退したほうがよいという私たちの持論からすると、スポーツを振興するには企業中心のリーグよりも、プロ化をめざすほうが好ましいということになる。

川淵はこのことをすでに感じていたのか、サッカーの日本代表チームの監督を経験してから、日本リーグを発展・解消させてプロリーグの形成に本格的に取り組むことになる。

これらの経過については自伝にくわしく記述されて

おり、興奮しながら読むことができるが、本書の主題ではないので、これ以上は述べない。

1993年、プロサッカーリーグ（Jリーグ）が正式に発足し、川淵は初代チェアマンとなる。そして、2002年にはJFAのキャプテン（会長）に就任する。これは私たちの推測だが、日本代表監督を二度も務めた早稲田と古河電工の後輩・岡田武史も川淵の歩んだ道、すなわちチェアマン、会長になるのではないか。とはいえ、人事は水ものなので不確定である。

第3章

スポーツ指導者に学歴や学校歴は必要か

1 スポーツ指導者になるために学歴は重要か？

選手時代の実績がなければ監督にはなれない

第1章で、スポーツ選手にとって学歴や学校歴がどんな意味をもつのかを統計的に分析した。では、スポーツ指導者になれるかどうかに、学歴や学校歴はどう影響するのだろうか。

ここでは、スポーツ指導者として、おもに監督やコーチを取り上げているが、本来、スポーツ指導者というのはもっと幅広い概念である。たとえば、日本野球連盟やJFAが加盟している日本体育協会が公認するスポーツ指導者には、次にあげる9種類がある。

①スポーツリーダー
②競技別指導者
③スポーツドクター
④アスレティックトレーナー

⑤スポーツ栄養士
⑥フィットネストレーナー
⑦スポーツプログラマー
⑧ジュニアスポーツ指導員
⑨マネジメント指導者

これを見ると、スポーツ指導者といっても、実際には多様な仕事を行う人びとが含まれていることがわかる。もちろん、学校の体育教師もスポーツ指導者である。

近年、多くの大学がスポーツ系の学部を新設したり、スポーツ選手を優遇したりしている。しかし、卒業後にプロ選手となる学生はごく少数で、スポーツ指導者になるケースが多い。実際、大学の案内などに、「スポーツ指導者の養成を目的としている」と明記されているところもある。

ただ、医師の資格が必要なスポーツドクターや、教員免許が必要な体育教師など一部を除けば、スポーツ指導者になるには大卒の資格は必ずしも必要ではない。とくに、スポーツ指導者のなかで花形といえるプロスポーツの監督やコーチになるには、一部の例を除いて、学歴よりも選手時代に優れた実績を残していることが必須である。

プロ野球の場合、スター選手が、コーチや2軍監督といった指導者としての経験をほとんど積まずに、いきなり1軍の監督になるケースがよく見られるが、その理由としては、次の2つが考えられる。

①興行的に指導者としての実力よりも人気を重視している。

②現役時代に優れた実績を残した人のいうことなら、指導を受ける選手が素直に受け入れる可能性が高い。

とはいえ、指導者としての実力が不足していれば、チームの成績が低下する危険性もある。いくら人気者の監督がチームを率いていても、熱狂的なファンが多い一部のチームを除けば、弱小チームの試合を見にくる観客は多くないだろう。

また、②については、よく「名選手は名指導者にあらず」といわれるように、選手としての実力と指導者としての実力が一致するとはかぎらない。

では、海外のスポーツはどうだろうか。たとえば、メジャーリーグでは、「選手と指導者の才能は別物」とはっきり認識されているようだ。

Webサイト「sportsnavi」に掲載されているコラム、「『元二流』vs.『元スター』」（2011年7月19日）のなかで、筆者の菊田康彦氏は、現在のメジャーリーグの監督20

人のうち、スター選手だったといえるのはオールスターゲームに出場した経験のある5人にすぎない、と指摘する。そして、ほとんどがメジャーでは控え選手として現役を終えており、さらに8人はメジャーでのプレー経験すらない、というデータをあげて、「メジャーでは選手としての実績は監督への登用にほとんど関係がない」と結論づけている。

そして、若いうちに選手としての力量に見切りをつけ、指導者となるために実績を積んできた例として、ロイヤルズの監督を務めたトレイ・ヒルマン（元・日本ハム監督）や、現在、オリオールズの監督でヤンキースやダイヤモンドバックス、レンジャーズの監督を歴任したバック・ショーウォルターを紹介している。ちなみに、ヒルマン監督はテキサス大学アーリントン校、ショーウォルター監督はミシシッピ州立大学の出身である。

それでは、具体的に、スポーツ指導者にはどのような能力が求められるのだろうか。

スポーツ指導者と企業の管理職の類似点

スポーツ指導者のなかでも、監督やコーチは、企業でいえば管理職といっていいだろう。チームのオーナーやGM（ゼネラルマネージャー）から指名され、与えられた戦力のもとで、練習では選手のスキル向上のために指導し、試合では作戦を立てたり、選手起用についての意思決定を行ったりする。

つまり、集団のメンバーの育成や、目標達成に向けてさまざまな意思決定を行う点で、ビジネスにおける管理職と共通しているといえる。

監督はまた、戦力の増強などについて、オーナーやGM、フロントと交渉したり、選手やコーチとのあいだに立って中間管理職としての仕事をこなしたりする必要がある（やや極端な例といえるが、2003年に巨人の原辰徳《たつのり》監督が辞任したさい、巨人のオーナーであった渡邉恒雄が「読売グループ内の人事異動だ」と発言したのは記憶に新しい）。そのため、スポーツ指導者になるには、ある程度、ビジネスの世界でも通用する能力を身につけておかなければならない。

たとえば、ドイツサッカー協会公認プロサッカーコーチである湯浅健二氏は、その著『サッカー監督という仕事』（新潮文庫）のなかで、サッカー監督のもっとも重要な素質として、「知識と経験に裏打ちされたパーソナリティ」をあげている。そして、コーチング法や戦術といったサッカー個別のものから、スポーツ生理学、解剖学、栄養学、心理学などスポーツ全般に必要な知識、経済学、社会学などにいたる広範な学問を取り上げ、監督はそれらの「理論と実践的ノウハウを融合させることで成果につなげなければならら」ず、そのためには「柔軟な理解力が決定的に大事な要素」だとしている。

この点でも、監督やコーチという職業が企業における管理職に近い存在であるといえそうだ。

大阪大学社会経済研究所の大竹文雄助教授と大日康史《おおくさやすし》助教授（いずれも当時）は、監督と選手を上司と部下の関係になぞらえつつ、プロ野球監督の能力の特性を調べた結果を紹介している（『プロ野球『名監督とチーム』』、「週刊東洋経済」1992年10月3日号、東洋経済新報社）。

具体的には、計量経済学の手法を用いて、同じような戦力のチームを率いると仮定した場合、監督とチームの組み合わせはチームの成績に影響を与えないことを証明したのである。これが何を意味するかというと、優秀な監督は、ある特定のチームを率いたから優秀な成績を収めたのではなく、別のチームを率いても優秀な成績を収めることができる、ということだ。

私たちが専門とする労働経済学では、仕事をするうえでの能力を、次の2つに分けて考えることがある。

①他社でも通用する一般的能力
②自社でしか通用しない企業特殊能力

これを見ると、監督には、①の能力が重要だということがわかる。

さらに、大竹、大日の両氏は、監督初体験者の推定年俸が、就任後、どう推移するかについても調べている。それによると、就任直後の3年間は人によってばらつきが大きいものの、3年を過ぎて就任している監督の年俸のばらつきは小さくなると指摘している。これは、監督という仕事は経験させてみないと生産性を判断することができない、ということを示しているという。

すなわち、現役時代の成績から生産性を予測することはできない、ということであり、名選手が名監督になるとはかぎらないことを示しているといえる。これはプロ野球だけでなく、ほかのスポーツでも同じことがいえるだろう。

管理職になるには名門大学卒業が有利?

では、管理職としての能力は、学歴と関係があるのだろうか。ここではまず、スポーツにかぎらず、一般的な仕事について考えてみよう。

やや古いデータだが、一橋大学大学院の大橋勇雄教授(現・中央大学ビジネススクール教授)が1995年に発表した「会社のなかの学歴社会」(橘木俊詔・連合総合生活開発研究所編『「昇進」の経済学』東洋経済新報社)によれば、1993年に実施したアンケート調査の結果、上場企業や非上場の大手損害保険会社、生命保険会社の会社役員2246人のうち、じつに約9割が大卒以上であった。このデータを見るかぎり、上場企業において昇進するためには、大学を出ていることがほぼ必須条件となっている。

また、『教育と格差』（橘木俊詔・八木匡共著、日本評論社）で指摘したように、2006年の「賃金構造基本統計調査」を用いて大卒以上と高卒の労働者を比較すると、男性の場合、高卒より大卒のほうが、課長に昇進する可能性は2倍、部長に昇進する可能性は3倍となっており、学歴によって昇進の可能性に格差があることがわかる。

このような格差が生じる理由には、第1章で取り上げた2つの理論、「人的資本理論」と「シグナリング理論」がそのまま当てはまる。

さらに、学校歴についても、『学歴格差の経済学』（橘木俊詔・松浦司共著、勁草書房）において、昇進の頂点である社長の出身大学を調べ、早稲田大学、慶應義塾大学、東京大学の3校だけで17パーセント弱の社長を生んでいると指摘した。役員についても、この3校がほかの大学を大きく引き離してトップ3の位置にある。

また、樋口美雄氏は「大学教育と所得分配」（石川経夫編『日本の所得と富の分配』東京大学出版会）で、1985（昭和60）年時点のデータをもとに、入試偏差値の高い大学の出身者ほど上場企業や官公庁の部長以上になっている比率が高くなることを示している。

前出の大橋氏は、役員への昇進において名門大学卒業という学校歴が有利に働く理由として、次の3つをあげている。
①名門大学出身者は専門知識があるというよりも、人脈や先天的な知的能力に優れている。
②その結果、全社的な見方ができる恵まれた部門や職場に配置される傾向にある。
③名門大学出身者が職位の高いポストを占めると、後輩を陰に陽に応援するようになる。
先に、スポーツ指導者と企業の管理職は共通していると述べた。したがって、ここで見た学歴や学校歴と企業での管理職への昇進との関係は、スポーツの世界でも当てはまると考えられるが、実際のところはどうだろうか。

2 スポーツ指導者になる人の学歴と学校歴

各スポーツにおける現役監督の学歴と学校歴

実際のデータをもとに、スポーツ指導者の学歴と学校歴を検証してみよう。ここでは、おもに監督を取り上げることにする。

145ページのグラフは、第1章で取り上げたプロ野球、Jリーグ、ジャパンラグビートップリーグ、駅伝（ニューイヤー駅伝2012出場）の監督と、大相撲の親方の学歴に関する、本書執筆時点における最新データである。

◉プロ野球

プロ野球の監督は、2012年シーズン開幕時の12人中8人が大卒で3分の2を占めており、プロ野球における大卒選手の割合より高くなっている。出身大学は、駒澤大学が2人、早稲田大学、明治大学、中央大学、日本大学、東海大学、東京学芸大学が各1人であった。

意外なことに、東京六大学出身の監督は、楽天の星野仙一（明治大学）とオリックスの岡田彰布《あきのぶ》（早稲田大学）の2人だけである。過去にさかのぼれば、東京六大学の強さが目立つが、現時点では、東都大学野球リーグや首都大学野球リーグに所属する大学出身者が多いといえる。なお、そのほかの地方の大学からは現役監督は出ていない。

ところで、2011年のシーズン終了後、プロ野球史上はじめて、国立大学（東京学芸大学）出身の栗山英樹が日本ハムの監督に就任し、話題となった。これは、スポーツと学歴の関連について調べている本書にとっても、大きな関心事である。

もっとも、代理監督としては、鳥取農林専門学校（現・鳥取大学）出身で、1981（昭和56）年に大洋（現・横浜DeNA）の代理監督を務めた山根俊英がいるが、そもそも国立大学出身のプロ野球選手がほとんどいなかったのである。日本の場合、監督になるには選手として優秀な成績を収めていることや、人気選手であることが求められる。そのため、国立大学出身者が監督になるというのは、非常に困難なことであった。

栗山は1983（昭和58）年、ドラフト外でヤクルトに入団し、猛練習の末、レギュラーのポジションを手にする。ゴールデングラブ賞も獲得しているが、超一流といえる選手では

各スポーツ現役監督・親方の大卒比率

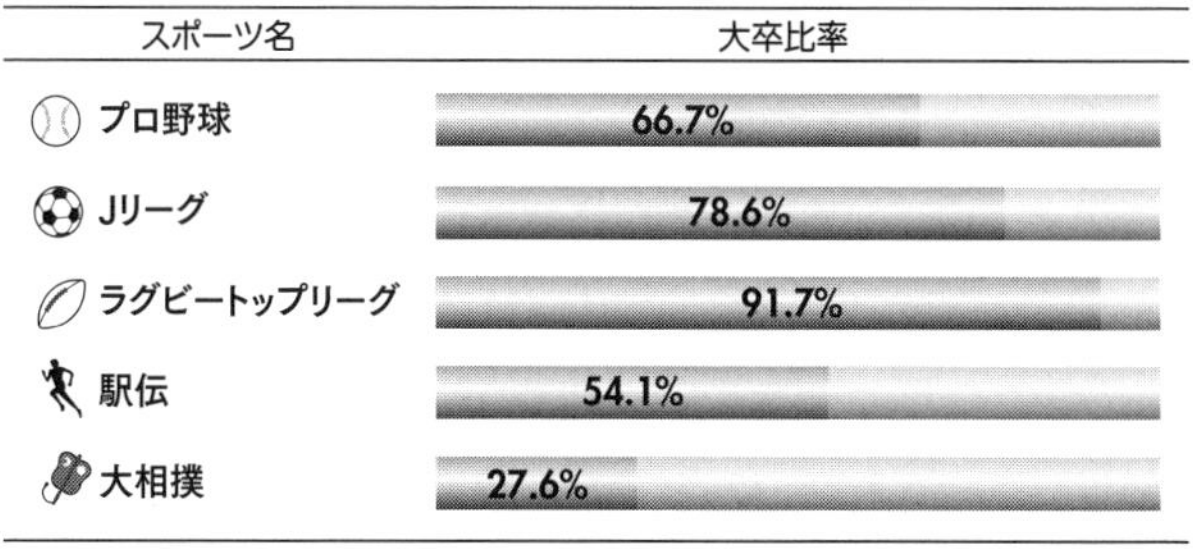

スポーツ名	大卒比率
プロ野球	66.7%
Jリーグ	78.6%
ラグビートップリーグ	91.7%
駅伝	54.1%
大相撲	27.6%

なかった。

その後、病気やケガに悩まされ、28歳で引退したあとは、おもにスポーツキャスターとして活躍するいっぽう、白鷗大学の教授としてスポーツメディア論などを教えていた。つまり、野球指導者としてのキャリアはほとんどないといえる。引退したプロ野球選手が、野球評論家や解説者を経て監督になるケースは多い。しかし、栗山のように超一流選手ではなかった人が、コーチなどの指導経験もないまま、いきなり監督になるのはめずらしい。

当時、日本ハムの監督は名将、梨田昌孝が務めており、後任には選手、監督として実績のある落合博満などの可能性もあったが、フロントが落合のような個性の強い人間を避けて、御しやすい栗山を選んだという声もある。学歴、経歴の両面から考えて、異例の監督人事といえよう。

◉Jリーグ

Jリーグは、大卒選手の割合がほかのスポーツより低かったが、現役監督の大卒比率は、10人の外国人監督を除くと、2011年の開幕時点で、28人中22人で78・6パーセントとなっており、プロ野球よりも高い比率である。

出身大学を見ると、早稲田大学、筑波大学、東京農業大学が各3人、駒澤大学、大阪商業大学が各2人、慶應義塾大学、明治大学、法政大学、中央大学、日本大学、順天堂大学、東海大学、国士舘大学、中京大学が各1人となっている

野球とは異なり、国立大学出身の監督が3人いるが、いまのところは筑波大学にかぎられている。また、野球と同じく首都圏の大学出身者がほとんどで、首都圏以外では大阪商業大学が2人、中京大学が1人の監督を出しているのみである。

また、首都圏の大学でも伝統校が強く、選手を多数輩出しているものの、新興大学である流通経済大学からは現役の監督は出ていない。

◉ラグビー

ジャパンラグビートップリーグは、2人の外国人監督を除くと、12人中11人が大卒であ

る。選手の大卒比率も9割を超えていたので、指導者も選手も大卒であることが求められやすいスポーツだといえる。

出身大学としては、早稲田大学、東海大学、日本体育大学が各2人、同志社大学、関東学院大学、明治大学、中央大学、名城大学が各1人である。

選手数では圧倒的多数を占めている関東学院大学から現役監督になっているのは1人だけで、帝京大学からは出ていない。これは、関東学院が1960（昭和35）年の創部、帝京も1970（昭和45）年の創部で、比較的、歴史が新しく、監督になる年齢に達していないという事情があるかもしれない。ちなみに、帝京は、過去にトヨタ自動車の監督を務めた田村誠（現在、豊田自動織機シャトルズ監督）を輩出している。

◉駅伝

駅伝の大卒監督は、37人中20人であり、比率は54・1パーセントである。これは、大卒選手の割合より20ポイントほど低い。

出身大学を見ると、東洋大学、日本大学、大東文化大学が各2人、早稲田大学、中央大学、法政大学、明治大学、亜細亜大学、山梨学院大学、神奈川大学、専修大学、拓殖大学、

東京農業大学といった箱根駅伝の名門校が各1人、さらに筑波大学（院）、京都産業大学、広島経済大学、中京大学が各1人であった。

京都産業大学、広島経済大学、中京大学は、関東の大学ではないため箱根駅伝には出られないが、駅伝の強豪校として名高く、全国の大学が出場可能な出雲全日本大学選抜駅伝競走（通称、出雲駅伝）や全日本大学駅伝対校選手権大会では好成績を残している。また、筑波大学には体育専攻の研究科があり、しばしば箱根駅伝の関東学連選抜チームにメンバーを送り出している。

◉大相撲

大相撲の親方の大卒比率は、27・6パーセントである。ほかのスポーツと異なり、中卒の割合が53パーセントと高いことが大きな特徴である。

これは、もともと力士に中卒が多いからだと考えられるが、第1章で見たように、現役関取の4割強が大卒であるため、今後は大卒の親方がふえると予測される。

親方の出身大学を見ると、日本大学が11人と圧倒的多数を占めている。日本大学は学生相撲初の横綱となった輪島をはじめ、多数の力士を輩出している大学相撲界ナンバーワンの大学であり、この結果は納得できる。

以下、明治大学が4人、近畿大学が3人、中央大学、拓殖大学、東京農業大学、同志社大学が各2人、東洋大学、専修大学、青森大学が各1人となっている。

4人の現役関取（妙義龍、嘉風、剣武、千代大龍）を出している日本体育大学の姿がないほかは、第1章で見た関取の出身大学とほぼ共通していることがわかる。

相撲の場合、指導者である親方が弟子をスカウトすることが多いため、大学の後輩をスカウトする現象が見られる。近年、日本人で力士になりたい人が減少しているため、日本人力士がほしい場合は親方が大学出身者であると有利かもしれない。

以上、見てきたように、監督は選手にくらべると大学出身者が多い傾向にある。ただし、駅伝の監督と大相撲の親方はこれには当てはまらない。

もう1つ、学部卒の人がほとんどで、大学院卒は、今回取り上げたなかでは河野《かわの》匡《ただす》（大塚製薬陸上競技部監督）1人であった。大学院卒の指導者について補足すると、わが国では大学院の重点化が進み、大学院生の数が増加しているので、今後はふえることになるかもしれない。

ちなみに、巨人の元投手、桑田真澄が現役引退後、早稲田大学大学院を修了しているので、将来、監督やコーチになれば、大学院出身の指導者ということになる。

また、監督を輩出する大学は、大方の予想どおり、選手を多数輩出している大学と共通している。つまり、首都圏の有名私立大学が強いといえる。

ただ、今回取り上げたスポーツには、慶應義塾大学出身の監督はいなかった。実業界では多数の経営者を輩出している大学なので、これはやや意外であった。この点では、ライバルの早稲田大学に遅れをとっている、という見方ができるかもしれない。

プロ野球の歴代監督は東京六大学出身者が多い

ここでプロ野球について、過去にさかのぼって、もうすこしくわしく見てみよう。

1936（昭和11）年に公式戦が始まったプロ野球史上、監督経験者は合わせて208人（代行を含む）いるが、そのうち外国人など海外の学校で教育を受けた10人を除くと、67パーセントにあたる132人が大学出身者である。

次ページの表は、歴代のプロ野球監督の出身大学に関するデータである。現役の監督と異なり、東京大学を除く東京六大学、なかでも明治大学（26人）、早稲田大学（25人）、慶應義塾

プロ野球歴代監督出身大学ランキング

順位	大学名	輩出人数
1	明治大学	26
2	早稲田大学	25
3	慶應義塾大学	21
4	法政大学	17
5	立教大学	9
6	駒澤大学	5
7	中央大学	4
8	専修大学	3
8	日本大学	3
8	関西大学	3
8	立命館大学	3
8	同志社大学	3
13	東洋大学	2
14	東海大学	1
14	亜細亜大学	1
14	芝浦工業大学	1
14	東京学芸大学	1
14	東京商船大学	1
14	近畿大学	1
14	関西学院大学	1
14	鳥取大学	1

大学（21人）の3大学が、多くの監督を輩出していることがわかる。以下、法政大学（17人）、立教大学（9人）と続く。

第2章で見たように、東京六大学は早慶戦に始まり、その後、明治大学、法政大学、立教大学、最後に東京帝国大学が参加して現在にいたっているわけだが、明治大学が1位となっているほかは、ランキングの順位がすべて参加した順と一致しているのは興味深い。ちなみに、東京六大学出身の監督は98人おり、大学出身者に占める比率は74パーセントにのぼる。

東京六大学に続いて複数の監督を輩出しているのは、駒澤大学、中央大学、専修大学、日本大学、関西大学、立命館大学、東洋大学、同志社大学であるが、いずれも1ケタである。さらに、ほかの8大学は1人ずつである。東京六大学以外の大学を見ても、やはり首都圏の大学が主流派で、ほかの地方からは12人が監督になっているにすぎず、そのうち11人は関西の大学出身である。

近年は、東北福祉大学など地方の大学出身の選手がふえているし、なかには大活躍をした選手もいる。将来的には、こうした選手やOBのなかから監督となる人が出てくることが予想されるが、現在のところはまだ東京六大学が圧倒的な存在感をもっているといえよう。

なお、出身高校も見ておくと、1位は5人を輩出した早稲田実業学校、広島商業、広陵の3校で、広島県の2校がともに1位であることは興味深い。

次いで、3人の監督を出している日大三高、享栄、中京商業（現・中京大学附属中京）、平安（現・龍谷大学付属平安）、浪商（現・大阪体育大学浪商）、第一神港商業（現・神港）、和歌山中学（現・桐蔭高校）となっている。いずれも野球の強豪校である。

意外にも、プロ野球選手を多数輩出しているPL学園出身の監督というと、横浜（現・横浜DeNA）前監督の尾花高夫ただ1人である。また、横浜高校出身の監督は1人もいないが、これは野球で有名になった歴史がまだ浅いからだろう。

コーチや2軍監督経験者、それ以外のルートで話題にのぼった候補者は多数いる。たとえば、PL学園出身では、木戸克彦、小早川毅彦、吉村禎章《さだあき》、桑田真澄、立浪和義、宮本慎也らがいるし、横浜高校出身では鈴木尚典がいる。ともに近い将来には、多くの監督を出すことになると予想される。

なお、少数派ではあるものの、高卒（旧制中学を含む）で監督になった人には名監督が多い。たとえば、川上哲治、野村克也、森祇晶《まさあき》、王貞治、高木守道、堀内恒夫、梨田昌孝、秋山幸二、伊東勤、渡辺久信などがいる。彼らはいずれも選手として大活躍しており、大卒でなくても、監督となるうえで不利にならなかったのだろう。

高校野球と社会人野球の監督も東京六大学が優位

アマチュア野球のデータも見ておこう。

高校野球の監督の出身校については、155ページの表のとおりである。これは、199

1～2008年の夏の甲子園に出場した監督の出身大学をまとめたものである。

このデータでは、18年間で延べ894校（記念大会が1998年と2008年の2回あり、これらの年には代表49校に加え、6校が出場しているため）が出場しているが、そのうち802校の監督の出身大学が判明している。残りの92校の監督は大学出身者ではない可能性もあるが、最低でも9割近くが大学出身者である。

つまり、高校野球の監督になるのに大卒の資格はとくに必要としない（高校教師になるためには必要だが、教員でなくても監督にはなれる）が、大卒の資格は重要であるといえるようだ。

では、出身大学のランキングを見ておこう。複数回出場している監督については1人としてまとめている。

1位は日本体育大学で52人の監督を輩出し、ほかの大学を圧倒している。第1章で見たように、日本体育大学はプロ野球選手を多数輩出しているわけではないが、体育教師の育成については名門校である。したがって、高校教員を兼ねることの多い高校野球の監督を多数出しているのは不思議ではない。

以下、早稲田大学、日本大学、法政大学、中京大学、駒澤大学、筑波大学、東海大学、専修大学、中央大学、明治大学までが10人以上の監督を出している。やはり東京六大学出身者

高校野球選手権大会（夏の甲子園・1991〜2008年）出場監督出身大学ランキング

順位	大学名	輩出人数
1	日本体育大学	52
2	早稲田大学	25
3	日本大学	24
4	法政大学	19
5	中京大学	17
6	駒澤大学	16
7	筑波大学	12
8	東海大学	11
8	専修大学	11
10	中央大学	10
10	明治大学	10
12	国士舘大学	8
12	亜細亜大学	8
14	東北福祉大学	7
14	順天堂大学	7
16	龍谷大学	6
16	関西大学	6
16	國學院大學	6
19	福岡大学	5
19	近畿大学	5
19	愛知学院大学	5

出所）「セットポジション」（http://set333.net/koukou05kanntoku.html）をもとに、筆者作成

が多いが、プロ野球ほど極端に偏っているわけではない。

次に、社会人野球について見てみよう。

1969〜2007年に都市対抗野球大会に出場した監督は521人にのぼるが、そのうち355人が大学出身者であった。比率にすると68・1パーセントである。次ページの表は、出身大学のランキングである。

都市対抗野球監督(1969～2007年)出身大学ランキング

順位	大学名	輩出人数
1	慶應義塾大学	31
2	法政大学	29
3	早稲田大学	27
4	明治大学	23
5	立教大学	21
6	中央大学	17
7	駒澤大学	16
8	専修大学	15
9	関西大学	13
10	東洋大学	12
11	東海大学	11
11	日本大学	11
11	近畿大学	11
11	亜細亜大学	11
15	同志社大学	9
16	国士舘大学	8
16	関西学院大学	8
18	大阪商業大学	6
18	芝浦工業大学	6
18	立命館大学	6
21	中京大学	5
21	青山学院大学	5

出所)「セットポジション」(http://set333.net/sya17kanntoku.html)をもとに、筆者作成

これを見ると、1位は慶應義塾大学で31人、以下、法政大学、早稲田大学、明治大学、立教大学が20人以上の監督を出している。みごとに東大以外の東京六大学がベスト5を占めている。

なかでも慶應が1位になっている点が興味深い。実業界に強いのは周知のとおりだが、社会人野球の監督にまでその威力がおよんで

いる。ここまで取り上げてきたスポーツでは、監督を輩出する大学としては上位にあがってこなかっただけに、非常に印象的である。

第4章で示すように、慶應の野球部出身者は上場企業に多く就職している。そして、実業団で選手として活躍してから、監督になるケースも多く見られる。ビジネス界に強いといわれる慶應の面目躍如《めんもくやくじょ》である。

さらに、中央大学、駒澤大学、専修大学、関西大学、東洋大学、東海大学、日本大学、近畿大学、亜細亜大学が10人以上の監督を輩出している。ここからわかることは、東都大学野球リーグを筆頭に首都圏の強豪リーグに属する大学出身者が多く、関西など地方の大学出身者は少ないということだ。

以上、アマチュア野球の世界でも東京六大学出身の監督が多く、しかも活躍していることを見てきた。これはプロ野球と同様である。ただし、今後は六大学以外の大学出身者がふえてくることも予想される。

というのも、いま、地方でも野球に力を入れる私立大学がふえていて、プロ野球選手も輩出するようになっている。そうなると、アマチュア野球の世界で指導する人がふえるのは自然だと思われるからだ。

サッカー界は高学歴の指導者が目白押し

サッカーについても、監督の学歴と学校歴を見ておこう。先にJリーグの現役監督のデータを取り上げたが、ここではより過去にさかのぼって、日本代表チームの監督の学歴と学校歴を見ていく。

近年、日本はアジアの強豪国として成長し、FIFAワールドカップ出場の常連国にもなってきたため、日本代表の監督への注目度が高くなっている。ただ、外国人の監督が着任する例も多いので、ここでは私たちの関心にしたがって、日本人の監督に限定することにした。

結果は、早稲田大学がトップで、鈴木重義、高橋英辰《ひでとき》、川本泰三、川淵三郎、森孝慈《たかじ》、岡田武史の6人の監督を輩出している。以下、東京大学が竹腰重丸、岡野俊一郎、慶應義塾大学が二宮洋一《ひろかず》、二宮寛、立教大学が渡辺正、横山謙三、関西学院大学が長沼健、加茂周というように、それぞれ2人の監督を輩出している。

第2章で述べたように、早稲田大学や東京大学、慶應義塾大学は、日本の大学サッカーリーグの先駆けである関東大学サッカーリーグに所属している伝統校である。また、関西学院大学は関西学生サッカーリーグで28回も優勝するなど、関西では圧倒的に強い。

したがって、これらの大学から日本代表チームの監督が複数出ることは不思議ではない。ただ、やや意外なのは、2012年3月時点では、サッカーの伝統校である筑波大学から代表監督が出ていない点である。

ところで、日本のサッカーを代表するJFAにも、早稲田大学や慶應義塾大学から、古河電気工業、三菱重工業、日立製作所といった名門サッカーチームを経て要職につくという流れがある。これは現在も生きていて、名誉会長の小倉純二（早稲田大学→古河電工）、最高顧問の川淵三郎（早稲田大学→古河電工）らがいる。前理事の岡田武史も早稲田大学→古河電工である。また、理事の原博実は早稲田大学から三菱重工に進んでいる。

筑波大学は代表監督は出していないが、JFAには人材を送り込んでいる。副会長の田嶋幸三は筑波大学→古河電工であるし、前理事の風間八宏《やひろ》も筑波大学出身である。風間は、2012年に川崎フロンターレの監督に就任している。このほか、選手として活躍した（している）井原正巳や藤田俊哉、中山雅史が将来の幹部候補生と見られている。

サッカーの指導者に名門大学の出身者が多いということは、ある意味、プロ野球以上に学歴や学校歴が重視されていると見ることができる。ただ、サッカーはプロ化してまだ20年ほどしかたっていないため、アマチュアで活躍した選手が指導者となっていることが大きく影響しているとも考えられる。

プロ野球の黎明期《れいめい》と同じで、サッカーはまだまだ学生スポーツの要素が色濃く残されているのだろう。しかも、名門大学で盛んなスポーツであるため、企業のサッカーチームに入る選手に、そうした大学の出身者が多かったと考えられる。

ブラジルでも指導者には学歴が求められる⁉

ところで、世界ナンバーワンの実力を誇るブラジルのサッカー界で、指導者の学歴に関するおもしろい議論があったので紹介しよう。

2006年、ブラジル代表監督にドゥンガ（ドゥンガは愛称。本名は、カルロス・カエタノ・ブレドルン・ヴェーリー）が就任した（2010年7月に退任）。ドゥンガはブラジル代表としてワールドカップに3回も出場した大スターで、日本ではジュビロ磐田に所属してプレーしたこともある。引退後はジュビロ磐田のチームアドバイザーを務めたものの、監督やコーチとしてこれといった経験がないまま、ブラジル代表監督に就任した。

この決定に対して、セレッソ大阪の監督を務めたこともあるブラジルのレヴィー・クルピが、「ドゥンガには代表監督という重要なポストにつくための訓練と経験が欠如している」と問題提起したことを、元日本代表監督のジーコが公式サイト「ジーコの主張」のなかで紹介している（「監督～学歴と知識」２００６年10月20日）。

このレポートには、大学の体育学科を出ているクルピが、ドゥンガが代表監督になるにあたって、みずからと同等の学歴を求めた、と記されている。

この一件を紹介したジーコ自身は、イタリアのセリエＡへ移籍するため大学の体育学科を中退せざるをえなかったと述べ、指導者としての職務の責任を考慮すれば、重要なポストには学歴が要求されるということに同意している。

実際、過去には、監督が公式記録など試合の書類に署名するために学位が必要とされたが、現在はサッカーが変貌し、各分野のプロフェッショナルであるテクニカルスタッフ陣営が充実しているということである。

ただ、ブラジルでは、サッカー連盟の会長になるにあたってアスリート経験は必要ないし、クラブの首脳陣や国家の大統領すら学歴が必要とされていないので、監督に学歴を要求することはできない、とも述べている。日本のサッカー界は学歴や学校歴が重視されるが、ブラジルにおいてもこういった議論があったことは興味深い。

ちなみに、ドゥンガの前に代表監督を務めていたパレイラは、大学の体育学部でサッカー理論を学んでいるが、プロ選手としての経験はない。ただ、ブラジルのサッカークラブでフィジカルコーチとして指導者の道を歩み、ガーナやクウェートなど中東やアフリカ地域で代表監督を務めるなど、指導者としてのキャリアは長かった。この点で、ドゥンガとは正反対の経歴をたどっている。論争の背景には、このようなことがあったのかもしれない。

ヨーロッパに目を転じると、第1章で論じたように大卒のプロサッカー選手は非常に少ないので、指導者になる人も大卒は少ないと想像できる。

3　プロ野球の指導者と学歴・学校歴

プロ野球の監督、コーチになる人の特徴

もう一度、プロ野球の話にもどろう。

ここからは、第1章の後半で用いたデータをもとに、プロ野球の監督やコーチになる人の特徴がどのようなものであるかを見ていこう。具体的には、

①1軍監督になる確率

②2軍監督、あるいは1、2軍のコーチになる確率

という2点が、どのような要因によって決まるかを、第1章で用いた計量経済学の手法である「プロビット分析」による推計で明らかにする。

私たちがもっとも関心があるのは、大卒かどうかという学歴の効果、そして、どの大学の出身であるかという学校歴の効果である。もちろん、学歴だけで監督やコーチになれるかど

うかが決まるわけではない。やはり、選手時代にどれくらい活躍したかが、もっとも重要である。

あるいは、選手時代はケガなどで活躍できなかったが、入団時に大きな期待が寄せられていれば、指導者への道が開けやすいかもしれない。さらに、指導者として、野球経験を含む人生経験の豊富さが求められることもあるだろう。

すでに述べたように、監督やコーチになる確率を左右するさまざまな要素を除去したうえで、学歴や学校歴の効果が残るならば、プロ野球の指導者になるためには学歴や学校歴が重要である、と結論づけることができる。

まず、データの概要について述べよう。第1章のくりかえしになるが、このデータは1965（昭和40）年以降のドラフト会議で指名され、入団した選手のもので、ドラフト外で採用された選手は含まれていない。このうち、すでに引退した2421人が分析対象である。

分析結果を見ると、1軍監督となったのは39人、2軍監督や1、2軍のコーチになったのは、合わせて492人であった。引退後、1軍監督になれたのはわずか1・6パーセントにすぎないが、2軍監督やコーチには約20パーセントの確率でなれることがわかる。なお、引退後にほかの職種についた選手についてては、第4章で取り上げる。

推計に用いる説明変数は、以下のとおりである。

まず、いちばんの関心事である学歴や学校歴の効果を測定するため、大卒かどうか、また、どのグループの大学出身か、という情報を用いる。監督やコーチになる確率を大きく左右するであろう、選手としての活躍度については、第1章で用いた、

①「成功選手」の定義

②1軍での出場年数

という指標を用いる。

そして、第1章で述べたように、コントロール変数としては、

・入団時の期待については、ドラフト会議の指名順位

・経験については、甲子園への出場経験

・社会人経験

・年齢

を考慮する。また、

・最初に入団した球団

・入団年

もコントロール変数として加える。
こうすることで、学歴や学校歴が監督やコーチになる確率に与える影響をなるべく純粋に測ろうということである。

東京六大学出身はやはり強い

では、推計結果を説明しよう。
監督（1軍監督）や、コーチ（2軍監督、あるいは1、2軍のコーチ）となるためにもっとも重要な要因は、やはり選手時代の活躍度であった。

〈「成功選手」の場合〉

・監督になる確率……0・0〜0・1パーセント上昇
・コーチになる確率……8・3〜8・4パーセント上昇

〈1軍での出場年数が1年長くなると〉

・監督になる確率……0・1パーセント弱上昇

・コーチになる確率……2・3パーセント上昇

監督になる確率への影響は、コーチになる確率への影響にくらべると、ずいぶん小さい数字に思えるが、もともと監督になる確率が1・6パーセントにすぎないので、実際はその影響は小さくないといえる。

「プロ野球選手の引退後を分かつ変数(I)：監督・コーチ就任のための説明変数」（篠田潤子「慶應義塾大学大学院社会学研究科紀要」第56号）でも、引退した選手の進路を分けるもっとも重要な変数は在籍年数であるとしており、この結果にも沿うものである。

これだけですべてが説明できてしまいそうだが、分析の結果、さらに、大卒であることが監督やコーチになる確率を有意に高めていることもわかった。

〈大卒の場合〉

・監督になる確率……0・1パーセント程度上昇

・コーチになる確率……5・3パーセント程度上昇

つまり、大卒であるという学歴の効果は、「成功選手」であることの効果よりやや弱いが、1軍での出場年数が1年長くなることの効果よりは大きいといえる。何年も1軍で活躍して成功選手となることが、監督やコーチになるためにもっとも重要なのはまちがいないが、学歴の効果は読者の想像より大きいのではないだろうか。

さらに、学校歴の効果も見ておこう。大学グループについては、第1章と同じ6つの分類を用いる。結果は非常に印象的であった。

〈東京六大学野球リーグ出身の場合〉

・監督になる確率……0・1〜0・5パーセント上昇
・コーチになる確率……12〜17パーセント上昇

推計のモデルによって、やや幅のある結果となったが、大卒かどうかの効果よりもはるかに大きな効果があることがわかった。

〈東都大学野球リーグ出身の場合〉

・監督になる確率……0・0〜0・2パーセント上昇

・コーチになる確率……6・4～10・3パーセント上昇

〈首都大学野球リーグ出身の場合〉

・監督になる確率……高校出身者と有意に変わらない
・コーチになる確率……0～10パーセント上昇

〈関西学生野球リーグ出身の場合〉

・監督になる確率……0・0～0・2パーセント上昇

ほかの大学グループについては、監督やコーチになる確率に対して、統計的に有意な影響は見られなかった。

さらに、いくつかのコントロール変数についてまとめておこう。

(1)ドラフトの順位については、監督になる確率には影響は見られなかった。ただ、コーチになる確率については、ドラフト1位よりも3位のほうが5パーセント程度高いなど、予想と異なる結果が得られた。その理由としては、活躍の程度が同じくらいの場合は、

1位指名された選手は、より知名度が高いことから、解説者などコーチ以外の職につける可能性が高いことが考えられる。

(2)プロ入りの年齢については、高いほどコーチになる確率が上昇する。プロに入るまでの経験が後進の指導に役立てられると考えられる。

(3)甲子園の出場経験についても、コーチになる確率を高めるという結果であった。

ただ、いずれの効果も、学歴や学校歴の効果とくらべると、同等以下であった。学歴や学校歴のインパクトがいかに大きいかを物語っているといえるだろう。

東京六大学が強い理由

これらの結果から、東京六大学野球リーグ出身であることは、監督やコーチになるうえで非常に有利に働くことがわかる。それに次ぐのが、東都大学野球リーグ、首都大学野球リーグであり、関西はじめほかの地方の大学は非大学出身者とほぼ変わらない。

先に見たように、プロ野球の監督は東京六大学出身者が圧倒的多数を占めているので、こうした結果が得られたのは決して不思議ではない。とりわけ、人脈の効果が大きいと想像される。

いちばんわかりやすい例をあげておこう。楽天監督の星野仙一が、東京六大学野球リーグでライバルだった田淵幸一（法政大学）や山本浩二（法政大学）と非常に仲がいいことは有名である。

2002年に星野が阪神の監督に就任したときは、田淵がチーフ打撃コーチとして入閣しているし、2008年の北京オリンピックで星野が日本代表監督を務めたときは、田淵と山本がともにコーチに就任している。もっとも、このとき日本代表は4位と成績が振るわず、「お友だち内閣」が失敗の理由だという批判の声があがった。

さらに、2011年に星野が楽天の監督に就任したとき、田淵はヘッド兼打撃コーチとなっている（その後、ヘッドコーチ専任）。同じ大学ではないが、東京六大学野球リーグで競った間柄であることが、人事に影響をおよぼしているのである。

すこし話がそれるが、星野に関するエピソードをもうすこし続ける。星野は中日の監督時代に、1997年のドラフト会議で明治大学の川上憲伸《けんしん》を1位指名し、98年のドラフト会議では同じく明治の小笠原孝を3位指名している。

また、ダイエーにいた明治の後輩、武田一浩を98年にＦＡ（フリーエージェント）で獲得している。

ここで特記しておくと、中日という球団はそもそも明治大学の出身者が強い。たとえば、歴代の監督の出身大学を見ると、明治出身は星野だけでなく、ほかに桝嘉一《ますかいち》（1937年、1943年＝監督在任期間、以下同）、小西得郎（1939〜41年）、杉浦清（1946〜48年、1963〜64年）、天知俊一（1949〜51年、1954年、1957〜58年）、杉下茂（1959〜60年、1968年）らがいる。

これには、中日新聞社の前身の1つである名古屋新聞社に勤務していた赤嶺昌志が明治大学出身で、中日の前身である名古屋軍の理事（球団代表）であったことが少なからず影響しているかもしれない。

このように、球団のオーナーやGM、さらには親会社の考え方が、監督人事を左右することはいうまでもない。

第2章で見たように、巨人が伝統的に慶應義塾大学の出身者を好んだのは、長期間オーナーを務めた慶應出身の正力亨の影響が大きい。ちなみに、親会社である読売新聞社の幹部にも慶應の出身者が多い（読売新聞東京本社社長、読売巨人軍オーナーなどを歴任した滝鼻卓雄、日本テレビ元社長の萩原敏雄、久保伸太郎が慶應義塾大学の卒業である）。

「東京六大学出身の監督がほしい」

ここで、西の人気球団である阪神に注目してみよう。阪神の名物オーナーといわれた久万《くま》俊二郎のインタビュー記事「私とタイガースの18年」(『Ｎｕｍｂｅｒ』２００３年9月18日号、文藝春秋)から、本人の貴重な証言を紹介したい。

久万は野球にはほとんど関心がなく、１９８４(昭和59)年に前任のオーナーから指名されていやいや就任したという経緯があるが、そのさい、次のようにアドバイスされたという。

「安藤(統男《もとお》、慶應義塾大学)と中村(勝広、早稲田大学)を監督に使えばまちがいない」

「名門を出た人間をうまく使っていけばいい」

野球のことをあまり知らなくても、早稲田と慶應出身の監督にまかせておけば大丈夫だという意識があったのだろう。しかし、実際に久万オーナーのもとで監督(代行を含む)を務めたのは、次の面々である(数字は監督在任期間)。

・吉田義男＝１９８５〜87年、１９９７〜98年(立命館大学中退)
・村山実＝１９８８〜89年(関西大学)
・中村勝広＝１９９０〜95年7月(早稲田大学)

- 藤田平＝1995年7月（代行）～96年9月（和歌山商業）
- 柴田猛＝1996年（代行、向陽高校）
- 野村克也＝1999～2001年（峰山高校）
- 星野仙一＝2002～03年（明治大学）
- 岡田彰布＝2004～08年（早稲田大学）

これを見てもわかるように、決して早稲田、慶應出身者のみを起用したわけではない。

もっとも、最近は、早稲田出身で生え抜き選手である鳥谷敬《たかし》が将来の監督候補とささやかれているし、2011年のドラフト1位で入団した慶應出身の伊藤隼太《はやた》も、将来の幹部候補含みという声もある。なお、久万自身は東京帝国大学法学部を卒業している。

中日の話題にもどろう。旧制広陵中学（現・広陵高校）出身の濃人渉《のうにんわたる》は、1961（昭和36）年から中日の監督に就任し、2年間で2位、3位という好成績を収めたが、親会社である中日新聞社から「東京六大学出身の監督がほしい」という理由で解任されている。後任は、明治大学出身の杉浦清であった。

すでに述べたように、近年は東京六大学以外の選手が活躍しているので、今後はこうした極端な偏向は弱まるかもしれない。しかし、それにかわって台頭するのは、東都大学野球リーグをはじめとする首都圏の大学であって、地方の大学出身者の勢力が増すには、まずは現役選手が多数出てくるのを待たなければならないだろう。彼らが監督となる年齢に達するには、さらに年月がかかると予想される。

日本のプロ野球チームのオーナーは、基本的に上場企業や大企業の経営者であり、その多くが名門大学の出身である。こちらはそう簡単には変わらないだろうから、名門大学出身者がプロ野球の指導者になりやすい環境は、今後も続くことが予想される。

4 優秀な指導者を育成するために

「ピーターの法則」に学ぶこと

ここまで、日本のスポーツ界では、選手として優秀な成績を収めることと、名門大学出身であることが、監督やコーチなど指導者になるために重要な条件であることを示した。これは、一般企業における管理職への昇進と非常によく似ている。

すでに、一般企業においても名門大学の出身者は昇進に有利であることを述べたが、昇進の決定要因としては、このほかに、幅広い経験をしつつ業績をあげること、地道に努力すること、そして運を指摘しておきたい（橘木俊詔「役員への途と役員の役割」、橘木俊詔・連合総合生活開発研究所編『「昇進」の経済学』東洋経済新報社）。

ただ、これらがほんとうに優秀な管理職や指導者を選ぶために有効であり、かついい手段といえるかどうかは、また別の問題である。平社員として優秀な成績を収めて管理職に昇進した人が、管理職としては無能で成績を落としてしまうことがある。南カリフォルニア大学のローレンス・ピーター教授が提唱した「ピーターの法則」によれば、組織において人は能力に見合わない水準まで昇進するという。

近畿大学の清滝ふみ准教授（当時）と帝塚山大学の熊谷礼子准教授は、こうした現象が生じる要因として、次の4つをあげている（『人事の経済学』、伊藤秀史・小佐野広編著『インセンティブ設計の経済学』勁草書房）。

①昇進後に努力するインセンティブ（誘因）を失うこと。
②適性のない仕事に昇進してしまうこと。
③能力の高い人は昇進前にライバルに妨害されやすいこと。
④従業員がリスクを好まず、危険回避的であること。
①〜③については説明するまでもないので、④がなぜ、ピーターの法則を生じさせるかを説明しておく。

従業員が危険回避的であると、リスクとインセンティブのトレードオフ（二律背反《にりつはいはん》の関係）が生じる。すなわち、昇進にともなう昇給が大きい場合、昇進へのインセンティブは大きくなるが、昇進できなければ努力が無駄になるので、最初から努力しないことを選んでしまうのだ。

これを緩和するためには、昇進基準を下げて、昇進できる確率を高めるかわりに昇給幅を小さくし、努力が昇進に与える効果を大きくすることが有効である。ただ、こうすると昇進基準が下がるため、能力の低い従業員も昇進してしまうのである。

指導者としての資質をどう見抜くか

さて、スポーツ指導者の場合、成績が悪くなれば解雇される確率が上がるので、①の可能性は低い。スポーツの種類にもよるかもしれないが、③の可能性も高くはないだろう。また、監督やコーチの人数は基本的に決められているので、④の可能性も低い。

そこで、②が主要な問題となる。つまり、指導者としての適性をどう見抜くか、指導者育成のシステムがしっかりしているかどうかがカギとなる。

日本ではとくに、文系分野の大学院で学んだことが必ずしも生かされないことが問題視されている。たとえば、ビジネスリーダーを育てる機関としてＭＢＡ（経営学修士）があるが、日本では、ＭＢＡを取得しても、欧米のように昇進や収入にリンクしないとされる。ということは、指導者育成のシステムとして機能していないともいえるだろう。

鶏が先か、卵が先かの問題はあるが、定型化された指導者育成システムがないことと、学歴や学校歴、昇進前の仕事の業績が昇進決定の要因となっていることとのあいだには、強い関係があるといえる。つまり、事前に指導者としての資質があるかどうかを判断する手段がほかにないため、こうした手段に頼っているわけである。

これは、スポーツ指導者でも同じである。スポーツ指導者育成コースを設けている大学や大学院はあるが、プロスポーツの指導者となるために、こうした学位を修めることが必ずしも要請されているわけではない。

そのほかの手段でスポーツ指導者になるための修業を積むことは不可能ではないが、そもそもプロスポーツの監督は人数が少なく、門戸が狭い。とくにプロ野球の場合、1軍監督になれるのは1年で12人、2軍監督を入れても24人である。

球団幹部が将来の監督候補に対して、ヘッドコーチや2軍監督、海外でのコーチ修業というかたちで指導者としての資質を身につけさせることはあるが、そのほかの手段についてはは乏しいのが現実である。また、球団幹部に見込まれなければ、指導者になる道が閉ざされるのはいうまでもない。

過去においては、プロとアマチュアの垣根が高かったため、プロ野球を引退した人がアマチュアチームの指導者となって修業を積むことは不可能であった。そのかわり、少年野球の指導者となる人が多かったが、これがプロ野球などの指導者としてのキャリアにつながるかどうかは不透明である。

近年、指導者をめざす人にとっていい機会といえるのが、独立リーグでの指導経験である。四国アイランドリーグのように、監督やコーチは原則として日本野球機構（NPB）出身者としているリーグもある。そして、実際に独立リーグの指導者を経て、プロ野球の指導者に転身したという成功例も出てきている。

たとえば、ヤクルトや近鉄で活躍し、香川オリーブガイナーズや徳島インディゴソックスでコーチを務めていた加藤博人（八千代松陰高校）がヤクルトの2軍投手コーチに、ソフトバンクホークスで活躍し、長崎セインツ、香川オリーブガイナーズでコーチをしていた岡本克《かつ》道《のり》（柳ヶ浦高校）が横浜（現・横浜DeNA）の2軍投手コーチに、近鉄、楽天、阪神を経て、香川オリーブガイナーズでコーチについた前田忠節《ただとき》（東洋大学）がソフトバンクの2軍コーチになっている。

このように、独立リーグは、プロ野球選手をめざす人たちだけではなく、指導者をめざす人たちの修業の場になっていることが理解できる。

スポーツ指導者のライセンス制導入を求める声

サッカーの場合は、もうすこし進んでいて、指導者になるには「JFA指導者ライセンス」が必要である。このライセンスには、D級からS級まで5段階のランクがあり、C、D級は12歳以下（D級は初心指導者）の指導、B級はユース・高校生以下、A級はジェネラルとU－12に分かれ、それぞれサテライトチーム、JFL（日本フットボールリーグ）の監督、Jリーグトップチームのコーチと、Jリーグクラブなどで小学生の指導が可能になる。Jリーグの監督になるためには、S級のライセンスをもっていなくてはならない。なお、ライセンスを取得するためには、講習会を受講する必要がある。

このライセンスについては、次のようなエピソードがある。

2007年の秋、Jリーグに所属する名古屋グランパスなどで活躍したストイコビッチが、名古屋の監督就任を要請された。しかし、彼がこのときもっていたコーチライセンスは欧州サッカー連盟の「UEFA A」で、Jリーグの監督となるために必要なS級ライセンスに相当する「UEFA PRO」ではなかったことが問題となり、就任のための交渉が一時ストップしたのだ。

その後、ストイコビッチが「UEFA PRO」を取得するめどが立って交渉が進み、実際に就任前の2008年1月に取得できたので問題はなかったが、選手として一流だったストイコビッチですら、ライセンスがなければ監督に就任できなかったかもしれないのである。JFAがいかにライセンスを重視しているかを示した出来事であった。

この点はラグビーも似ており、日本ラグビーフットボール協会は、「新スタートコーチ」「育成コーチ」「強化コーチ」「トップチームコーチ」という4つのライセンスを定めている。

もちろん、ライセンスを取得したからといって、必ず監督になれるわけではない。また、先に紹介したジーコの議論によれば、さらに高度な学問を修めることが求められて然るべきかもしれない。しかし、プロ野球にくらべると、指導者を養成するシステムは格段に整備されているといえる。この点に関しては、プロ野球関係者からも意見が出ている。

たとえば、名選手であり名監督でもある王貞治は、

「日本の指導者は自らの経験則で教えているケースが多く、思い違いをしている人もいる。同じバットの振り方でも、人によって言葉の使い方、表現の仕方も違う。指導に一貫性があれば、教わる側の子供たちは困らない」

と述べ、さらに、

「サッカーのように指導者のライセンス制を作ればいいのではないか」

と提言している（「球道 王貞治の野球人生 第6部」、「毎日.jp」2011年3月4日）。

また、〝優勝請負人〟ともいわれ、投手として通算224勝をあげた工藤公康も、指導者になるためのライセンス制の導入について、次のように訴えている（「工藤氏が『指導者のライセンス制』訴え」、「SANSPO.com」2011年11月29日）。

「指導者とは人に教えられる能力がある人がやるべき。現役時代、野球教室にいかなかったような人はダメ。子供にわかりやすく教えられなければ、プロに教えられるはずがない。自分で勉強したことに加えて教える努力があって、初めてチームは強くなる」

ライセンス制を導入すると、当然、指導者としては優秀な人間でも資格を取っていなければ監督やコーチにできない、というデメリットが生じる恐れはある。ただ、それは、ライセンスの取得に必要な条件を調整することで、ある程度は回避できる問題でもある。

監督やコーチをはじめ、スポーツ指導者に必要な能力は多岐にわたる。スポーツ選手としての人生や、スポーツを終えたあとの人生にも大きな影響を与えるという結果の重大さを考えれば、程度の問題はあるにせよ、すべてのスポーツ指導者には何らかの資格やライセンス取得を求めるべきかもしれない。

第4章
スポーツを終えたあとの人生

1 卒業後のスポーツ選手の人生

名門大学の体育会はやはり就職に有利

大学で熱心にスポーツに取り組んできた学生が、卒業後、どのような職業につくかについて、これまで断片的ながら述べてきたが、ここでまとめておこう。

学生がどの程度スポーツにかかわるかは、学校によって、どの体育会または運動部に所属するかによって、あるいは人によって、かなり異なる。朝から晩までほとんどの時間を練習や試合に費やしているケースもあれば、練習は授業や講義が終わってからほんの数時間しか行わないケースもある。いわば、スポーツを重視するか、学業を重視するかの違いである。

前者の場合、卒業後も得意なスポーツを生かした職業につきたいと希望することが多い。そして、ごく一部の格段に優れた選手はプロの世界に進む。こうした人にとって、どこの学校を卒業したかはほとんど重要ではなく、本人の実力だけで通用する。しかし、あとで示すように、セカンドキャリアでは学校名が役立つこともある。

あるいは、企業に就職して企業スポーツの選手として続ける人もいる。こういう人たちは恵まれたケースといえるが、そうした世界に進めない人、あるいは進まない人もいる。

後者の場合は、学校も学生も、就職のさいにスポーツで習得したことを生かそうとは考えていないので、ここでは記述の対象としない。

ただ、学業を重視し、スポーツはあくまでも趣味程度の学生でも、体育会や運動部に所属していると、就職のさいに少なからず有利に作用する可能性は高い。なぜなら、そういう学生は、一般にふつうの人より体力があり、団体競技を通じての協調性もある、と企業から見なされるからである。

このことを端的に示す一例が、大学アメフト界で最強豪校として鳴らした京都大学のアメリカンフットボール部である。この部の学生は、ほぼ無試験で一流企業に就職しているなどとウワサされたことがあった。

というのも、最難関の大学だから学力に問題はないし、激しい体力勝負のスポーツだから体力もある。しかも、ハードな練習に耐える精神力と、チームプレーを通じての協調性がある、と考えられたからだ。企業にすれば、こういう人材はぜひともほしい。だから、京大アメフト部は就職に有利だったのだろう。しかし、不祥事を起こして急速に弱くなったので、それも過去の栄光物語にすぎない。

慶應野球部に見る華麗なる就職先

もう1つ、就職に強い大学として知られる慶應義塾大学を見てみよう。

次ページの表は、2011年に卒業した慶應義塾大学の野球部員の進路を示したものである。これを見ると、ほとんどが一流企業に就職している。

『早稲田と慶応』（橘木俊詔著、講談社現代新書）で指摘したように、慶應の卒業生はその多くが実業界で活躍しており、ビジネス界に入るのなら慶應で学びたいとする人が多く、成功する人も多い。「ビジネスの慶應」という特色はここでも生きているのである。もちろん、慶應があからさまにスポーツ選手を優先的に入学させていないということも役立っている。

なお、この表から、ごく数人が実業団に入って野球を続けているのがわかるが、この人たちはおそらく、野球選手を終えたらそのまま会社に残って企業人として働きつづけるのだろう。

ついでながら、同志社大学の野球部出身者の進路についても確認しておこう。

慶應義塾大学野球部生の進路（2011年卒部生）

ポジション	氏名	出身高校	進路先	
投手	近藤祐太	国立	三井物産	
	田中宏典	佐賀西	在学	
	手計智之	城北埼玉	在学	
捕手	長﨑正弥	高志	丸紅	
	野毛慶弘	慶應義塾	静岡銀行	
	松本和将	金沢泉丘	日本テレビ放送網	
内野手	岩田直大	横須賀	日本郵船	
	内野亘	慶應湘南藤沢	JR九州	
	奥橋勇斗	岡山城東	野村證券	
	加島大輔	慶應志木	伊藤忠商事	
	加藤雄太	高崎	財団法人日本国際協力システム（JICS）	
	國本幸太	札幌国際情報	豊田通商	
	佐野大輝	慶應義塾	みずほフィナンシャルグループ	
	高尾康浩	慶應義塾	電通	
	春田翔太郎	長野	三井住友海上火災保険	
	渕上仁	慶應義塾	未定	
	正木拓也	慶應義塾	ミネベア	
	松尾卓征	鳥栖	西濃運輸	※
	湯本達司	野沢北	住友信託銀行	
外野手	青山寛史	関西学院	大阪ガス	※
	佐藤晋也	土佐	カネカ	
	新谷拓也	慶應義塾	テレビ朝日	
	竹内一真	慶應義塾	明治安田生命	※
	松澤遼	桐朋	在学	
	宮寺匡広	日大三	在学	
	山口尚記	慶應義塾	JX-ENEOS	※
学生スタッフ	柴原発彦	東葛飾	株式会社ドーム	
	返田岳	駿台甲府	大学院進学	
	田代啓明	慶應義塾	東京セキスイハイム	
	田村陽太郎	慶應義塾	三菱東京UFJ銀行	
	林翔太	慶應湘南藤沢	日本生命	
	平川敬悟	慶應義塾	三菱地所	
マネージャー	石井新	鎌倉学園	JTB首都圏	
	勝見文希	学習院女子	三菱東京UFJ銀行	

注）※印は実業団の野球チームで野球を継続していることを意味する
出所）慶應義塾大学体育会野球部ホームページ

同志社大学野球部生の進路(2011年卒部生)

ポジション	氏名	出身高校	進路先	
投手	大里篤示	同志社	積水ハウス	
	川原速人	観音寺第一	三観広域行政組合消防本部	
	田中亨	金沢桜丘	北國銀行	
	新居田浩文	今治西	家業	
	藤井貴之	天理	日本生命	※
捕手	丸健太郎	保谷	メディセオ	
内野手	石黒南十	茅ヶ崎北陵	JR西日本	
	大家諭	三田学園	カネボウ化粧品	
	下村恵而	上野	野村證券	
	竹本紘丞	杵築	福岡銀行	
	永岡司	小倉	日立製作所	
	濱田隼平	相生	山口朝日放送	
	原隆徳	大阪青凌	進学	
	眞野亮	同志社国際	東芝	
外野手	岡田祐典	玉野光南	小野薬品工業	
	奥田尚志	今治西	伊予銀行	
	平林拓朗	京都外大西	進学	
	松原匡志	天理	三菱重工広島	※
学生スタッフ	松原靖幸	大阪桐蔭	奈良県五条市消防署	
マネージャー	高田菜月	同志社女子	住商情報システム	
	松下総一郎	清風	NTTドコモ	

注)※印は硬式野球を継続していることを意味する
出所)同志社大学硬式野球部ホームページ

上の表を見ていただきたい。慶應ほどではないが、かなりの数の学生が有名企業に就職していることがわかる。

また、私たちが早稲田大学のラグビー部を取材したとき、大学関係者からラグビー部員の就職は良好であるという話をうかがった。ラグビー部のOBの多くが有名企業に就職しているので、その引きがあるということだった。

このように、慶應、同志社、早稲田の一部の運動部に所属する学生は就職先に恵まれているようだが、これはひとえに、これらの大学が名門大学として認識されているからである。入学試験が難しいから、体育会系の学生でも「学力に不足はない」と判断されたのだろう。また、各企業に就職した先輩たちの引きも、かなり効力を発揮しているようだ。

ここで、2つ補足しておきたい。

(1)入試偏差値の低い大学に入ったスポーツ選手の就職はそれほど有利ではない、と想像される。有名企業はいうまでもなく、ふつうの企業でも、スポーツに秀でているというだけで、その学生を優先的に採用することはない。ただし、企業スポーツを実践している企業の場合は、スポーツの能力が相当重視されるので、そのかぎりではない。

(2)最近、スポーツ科学部やスポーツ健康科学部（学科）が創設されるようになり、スポーツが主、学問が従という大学で学ぶ学生が見られるようになったが、こうした学生がどのような進路を歩むようになるかがわかるには、もうすこし時間がかかる。ただし、これらの学部、学科では、主たる進路が体育教師、スポーツ指導者、スポーツ関連企業とされているので、一般企業への就職が有利か不利かを論じても意味がないかもしれない。

企業スポーツは生き残れるか

高校、大学でスポーツをやってきた生徒、学生にとって、重要な就職先が企業スポーツチームである。野球、ラグビー、サッカー、バスケットボール、バレーボール、アメリカンフットボール、ハンドボール、ホッケー、アイスホッケー、陸上競技、スキー、スケートなど、多くの競技がある。

日本で企業スポーツが盛んになったのは、企業が自社のイメージを高めるために、スポーツ活動に積極的に取り組んだからである。同時に、応援などを通じて社員の一体感を高めるという目的もあった。

企業スポーツチームに所属する選手は、午前中は社員として働き、午後は練習、というのがふつうの形態であるが、年がら年じゅう、練習と試合に明け暮れるところもないわけではなかった。企業にとっては本業以外への費用の支出となるし、社員が本業に努めることにはならないので、経営面で余裕のある企業が企業スポーツを支えてきたのである。

日本では、このような企業スポーツが、スポーツの振興に大きな役割を果たしてきたことはまちがいないが、長期にわたる日本経済の低迷による企業経営の不振から、スポーツへの支出額が減少するようになってきた。

たとえば、日本野球連盟に登録している企業を見ると、1963（昭和38）年には237社を数えたが、いまでは87社にまで減少している（2012年8月3日現在）。これは、野球だけでなく、ほかのスポーツでも同じである。今後もデフレ経済と不況が続くことを前提にすると、企業スポーツをどうするかは大問題である。

それを解決する1つの方策が、プロ化への道である。もっとも典型的な例が、サッカーである。ただし、すでに述べたように、サッカーのプロ選手になるのは高校の強豪校かJリーグのユースチーム出身が多く、大学サッカーの意味合いが弱くなっていることを、再度、指摘しておく。

サッカー以外では、ラグビー、バスケットボール、バレーボールのように、セミプロ化を図っている種目もある。実業団として企業名を保持しながらも、いっぽうで入場料などを徴収して財政面を安定させようという手法である。ただし、プロ化やセミプロ化が困難な種目や団体もあるので、いわゆるクラブチームの形態で、さまざまな組織が運営費用を負担しているケースもある。

プロの世界やクラブチームの世界において、学校を卒業するスポーツ選手の多くを吸収できる可能性は残されているが、クラブチームの形態はまだスタート台に立ったばかりであり、どのように運営していくかはこれからである。ただ、ここでも、年齢を重ねてスポーツができなくなった人たちの生活の糧《かて》をどうするかというのは、無視できない課題である。

とはいえ、本書の主眼は学校スポーツを論じることにあるので、企業スポーツについてはこの程度にしておこう。

東大野球部からプロ入りした5人の選手

ここで、文武両道を地で進み、学力の高い東大卒のプロ野球選手について見ておきたい。東京六大学野球リーグに所属する東大は、日ごろから野球の強いところと対戦しているせいか、ほかの国立大学にくらべるとかなり強いようだ。しかし、六大学のなかでは、ほとんどつねに最下位に位置している。

その東大野球部から、驚くなかれ、これまでに5人のプロ野球選手が出ている。国立大学にかぎれば、断トツのナンバーワンである。ただ、スターになった選手は1人もいない。

ここでは、選手生活を終えたあと、彼ら5人が持ち前の頭のよさをどのように生かし、キャリアを形成していったのか、簡単に述べておこう。

東大野球部初のプロ野球選手であった新治伸治《にいはりしんじ》は、ウィキペディアによると、大洋漁業（現・マルハニチロ水産）に入社後、すぐさま子会社の大洋ホエールズに出向を命じられて入団、投手として4年間の通算成績は9勝6敗であった。5人のなかでは随一の選手であった。引退後は、支店長や支社長を歴任し、横浜ベイスターズの顧問も務めた。

井手峻《いでたかし》は、中日で投手や外野手として在籍した（1967〜76年）。現役中にはさしたる成績を残さなかったが、むしろコーチやフロントとして教育・管理能力を生かした。選手としてよりも、指導者として活躍したのである。

小林至は、1992年にロッテのドラフト8位で入団したものの、さしたる活躍をすることなく93年に退団。その後、小林は奮起してアメリカに留学し、学者の道に進んで江戸川大学の教授になるとともに、プロ野球のソフトバンクで取締役編成部長というフロントの仕事にもついた。しかし、杉内俊哉投手との契約更改の席で同選手を侮辱《ぶじょく》する発言をし、杉内がFAで巨人に移籍することになった責任をとって、小林は取締役を辞任した。

遠藤良平は、1999年に日本ハムに入団したが活躍できず、2001年に球団職員になっている。

松家卓弘《まつかたかひろ》は、2004年に横浜ベイスターズからドラフト9位で指名されて入団するが、

2009年に日本ハムへ移った現役のプロ野球選手である。1軍登録されたこともあるが、大活躍はしなかった。2012年のシーズン終了後、戦力外通告を受けたようだ。

新治、井手、小林、遠藤の4人は、プロの世界ではスター選手になれなかったものの、それぞれ本人の頭脳と能力を生かし、みごとな転身を図ったといえるだろう。「東大出身」という話題性をプロ野球界が利用しようとした面もなくはないが、それを逆手《さかて》にとり、自己の特性を生かしたのである。

ところで、東大野球部出身者で特筆すべき人物は、これだけではない。プロ野球以外の世界に注目すれば、さすがと思わせる人材が多数輩出している。

学者の世界の代表として、岡村甫《はじめ》を取り上げよう。土佐高校から東大に入学し、エース投手としての成績は17勝35敗、防御率2・82。防御率がそれほど悪くないだけに、打線の援護があれば、もっと勝ち数をあげることができたと思われる。

岡村の真骨頂《しんこっちょう》は、大学院に進学し、東大の工学部教授となることで示される。しかも、土木学会でも研究業績が評価され、さまざまな学会賞を受賞し、学会長も務めるなど、学者としても一流であった。

一時、東大野球部の監督も務めたが、『東京大学野球部90年史』によれば、「監督としては失敗だった」という。プロ野球選手になった新治や井手などの有能な選手を抱えながら勝てなかったのは、監督本人の責任である、と述べている。

また、東大野球部に入部してくる学生は身体能力はさほど傑出していないし、受験勉強の疲れもあって基本的な技術の習得に欠けていたことを認めたうえで、基礎的な訓練がもっと必要だった、と悔いている。

これに関連して、アメリカンフットボールと比較しておこう。アメフトの場合、クォーターバック、ワイドレシーバー、ランニングバックといったポジションには高度な技術が必要であり、それに見合う高い身体能力が要求される。

だが、大半のポジションは、体と体がぶつかり合うだけの単純な動きが多いので、重量級の体力があることが重要であり、いいかえれば、がたいがよければそれほどトレーニングをしなくても、すぐに選手として、ある程度活躍ができるのである。

もっとも、アメリカでは、アメフトとバスケットボールが高い運動能力を必要とする代表的な競技とされている。アメフトの後進国である日本では、一部のポジションにいる人の高い能力だけで十分なのである。

この特色をフルに生かしたのが、先述した京都大学のアメフト部である。東大の野球部同様に受験勉強の疲れはあっただろうが、頑強な体をした選手を多く集めていた。抜群の運動能力をもったクォーターバック、東海辰弥の活躍のもと、全日本大学アメリカンフットボール選手権大会で2年続けて優勝している。ここが、選手全員の技術が重要な野球との違いである。

京大アメフト部がナンバーワンとなったもう1つの理由としては、当時は関西学院大学や日本大学を除いて、ほかの大学がさほどこのスポーツに力を入れていなかったことがある。現在はいろいろな大学が積極的に取り組んでいるので、京大は〝創業者利益〟を失い、関西学生アメリカンフットボールリーグでは中位クラスに甘んじている。

ついでながら、東大のアメフト部が関東学生アメリカンフットボールリーグで上位につけているが、これも京大アメフト部が強かったのと同じ理由であろう。

話を東大野球部にもどそう。岡村甫を典型的な文武両道者としたが、それに続く東大野球部出身者でユニークな人を1人書いておく。

現在、NHKテレビの『ニュースウオッチ9』のメインキャスターを務めている大越健介は、新潟高校から東京大学文学部に入り、野球部のエースピッチャーであった。8勝27敗と負け数が勝ち星よりも多い戦績ではあるが、東大の打撃陣が弱かったからにほかならない。

大越が好投手であったのは、１９８３（昭和58）年の日米大学野球選手権大会の日本代表に、東大からはじめて選ばれたことからもわかる。ＮＨＫ入社後は、政治記者を経て、ワシントン支局長などの要職を務めているので、語学にも強い有能なジャーナリストといえる。

東京六大学体育会限定の〝就職リーグ戦〟

名門大学の体育会出身者が優遇されていることを示す、おもしろいイベントについて紹介しておこう。東京六大学の体育会に所属する学生のみを対象として、アスリートプランニングが実施している企業説明会「東京六大学就職リーグ」である。

同社のＷｅｂサイトによると、２０１１年12月４日に開催された説明会には、博報堂、日本テレビ、伊藤忠商事、みずほフィナンシャルグループ、読売新聞社など、24社以上、２０１２年１月15日の説明会には、三井住友銀行、アサヒグループホールディングス、パナソニック、ＪＲ東海、ＮＴＴ東日本など、26社以上の有名企業が参加している。

同社はまた、京都大学、大阪大学、神戸大学、同志社大学、立命館大学、関西大学、関西学院大学という関西の名門大学の体育会に所属する学生を対象とした「関西七大学就職リーグ」も開催しているという。

「東洋経済オンライン」（２０１１年12月19日）によれば、東京六大学の体育会に所属する学生約２０００人のうち、４割以上の８５３人が12月４日のイベントに参加している。また、このイベントに参加する企業は、「ここで出会った学生を採用しよう」という意識が強いという。

もちろん、これらの企業は、ほかで行われる大規模な合同説明会にも参加している。だが、それは学生へのＰＲにすぎず、「とりあえず参加する」というもののようだ。それに対して、「東京六大学就職リーグ」や「関西七大学就職リーグ」では、本気度がまったく違うらしい。

ちなみに、東京六大学の体育会系学生について、参加企業からは、「受け答えがしっかりしている」「礼儀正しい」といったコメントが寄せられている。

また、２０１１年２月９日の「東洋経済オンライン」では、「目標に向かって努力してきたこと、挫折や敗北を味わったことがあること、チームワークやリーダーシップに優れることなどが、体育会学生の評価される要因となっている」と分析している。

なぜ体育会出身者は就職に有利なのか

ここまで、体育会出身者が就職に有利である可能性が高いこと、そしてその理由として、体力、協調性、コミュニケーション能力、先輩からの引きなど、いくつかあげてきた。ただ、どちらかというと、実例や経験談が多かったので、すこし学術的な研究に立ち入って、それがほんとうかどうかを確かめてみたい。

大阪大学大学院の松繁寿和教授が「体育会系の能力」（『日本労働研究雑誌』２００５年４月号、労働政策研究・研修機構）で紹介しているいくつかの研究や、私たちが収集した研究を参考にしながら、体育会系学生がその後の職業人生、すなわち就職や昇進にも有利かどうかということと、そうであればその理由はどういうものか、ここまであげてきたもので正しいのかどうかについて見ていこう。

日本の研究としては、法政大学の梅崎修准教授による「成績・クラブ活動と就職」（松繁寿和編著『大学教育効果の実証分析』日本評論社）が紹介されている。

この研究で、スポーツ系サークルの所属者は第１志望の企業に就職する可能性が高いことが確認されている。その理由として、ＯＢやＯＧのネットワークを直接利用することは決して多くない、という意外な発見をもとに、サークル活動で養った勉学以外の能力（リーダーシップなど）が企業に評価されるためだ、と推測している。

日本の研究で紹介されているのはこれくらいで、体育会に所属していたことが就職にプラスになるかどうかを直接的に調べた研究はあまり多くない。

海外の研究については、カナダのヨーク大学の卒業生を調査したポール・グレイソンを紹介している。この研究でも、組織されたスポーツ活動への参加が就職活動において有利である、という結果が得られている（"Who Gets Jobs? Initial Labour Market Experience of York Graduates", Working Paper, York University, Institute for Social Research）。

私たちが調べたところでは、スウェーデンにおいて、スポーツ経験者が就職に有利かどうかを、リンネ大学のダン・ウーロフ・ルース准教授が、実際に履歴書を求人企業に提出して調べたユニークな研究がある（Rooth, Dan-Olof "Work out or out of work: The labor market return to physical fitness and leisure sport activities", Labour Economics, Vol.18）。

その結果、スポーツ経験者は企業から面接に呼ばれる可能性が高かったことが示された。学歴の高くない志望者に関して、とくに身体能力を必要とされる職業（たとえば、建設作業員、看護師、レストラン従業員、清掃職など）においては、その確率がさらに跳ね上がるとのことである。このように、運動部や体育会に所属することが就職にさいして少なからず有利に作用する可能性が高いという現象は、日本独自のものではない。

就職後について調べたものとしては、大阪商工会議所が調査した『若手社員の「仕事に必要な能力」と能力形成に役立つ「学生時代の学び・経験」について』(2004年9月)が紹介されている。これは、企業が若手に求める能力や素養を、企業の人事部長111人と優秀と見なされている若手社員895人にアンケートで尋ねたものである。

その結果、「困難にめげず、最後までやり抜く」「状況変化にフレキシブルに対応する」「自分の思いを伝えて相手を動かす」「チームに貢献し、役割を果たす」といった能力を、小学校のスポーツや、中学校から大学までの体育会系の部活動において、身につけておいてよかったとする者が多数いたことがわかった。

では、昇進についてはどうか。

部活動のなかで担っていた役割と就職後の昇進の関係について、前出の松繁教授は、体育会系の卒業生全員が昇進に有利というわけではないことを示している(松繁寿和編著『大学教育効果の実証分析』日本評論社)。そして、「部長やキャプテン」よりも、「マネージャーや主事、会計」の経験者のほうが昇進する可能性が高い、という結果を得ている。

より新しいものでは、大阪大学の大竹文雄教授と佐々木勝准教授(当時)による「スポーツ活動と昇進」(『日本労働研究雑誌』2009年6月号、労働政策研究・研修機構)がある。この研究は、ある自動車メーカー1社の従業員にアンケート調査を行い、高卒従業員ではスポーツ経験者（とくに集団スポーツ）が昇進しやすいが、大卒従業員にはそのような効果が見られなかったことを示している。

つまり、どの企業でも、体育会出身者が昇進に有利であるという考え方を支持することはできない。

昇進ではなく、賃金への影響を調べたものとしては、先ほど紹介したルースの研究があげられる。この研究は、長期的にスポーツ経験者は4～5パーセントほど賃金が高くなるという「スポーツプレミアム」の存在があることを示している。

ただ、非認知的スキル（心理的安定性、我慢強さ、イニシアティブをとる能力、責任感、社会性）をコントロールした場合、このプレミアムは2パーセント程度に下がるので、小さいながらも純粋にスポーツの経験が評価されている。そして、スポーツを通じてこれらのスキルを高めていることが確認されている。

以上の議論により、体育会出身者が就職や昇進に有利であるという通説は、ある程度、妥当なものであることがわかった。また、その理由として、強い体力が役立っていることや、先輩・後輩のネットワークもあるが、むしろ協調性やコミュニケーション能力などを含む非認知的スキルが重要であることがあげられた。

「文武両道」を実現できる学生が理想的

体育会がこうしたスキルを高めるのに役立っているという認識は、大学側ももっている。これについて、スポーツの名門でもある明治大学で、スポーツ振興を担当する柳沢敏勝副学長（当時）の論考「大学体育会の役割、専門能力磨く『正課外教育』」（「日本経済新聞」2009年10月12日付）を紹介したい。

このなかで、柳沢副学長は、

「体育会運動部での活動が、身体的能力はいうまでもなく、競技を通じて培われる状況分析能力や対応能力の向上、戦略戦術眼の鍛錬、そして様々な人間関係を通じたコミュニケーション能力の育成に資するなら、体育会は立派な教育の場である」

と述べ、

「体育会は（中略）『社会人基礎力』や『学士力』の涵養《かんよう》に大きな役割を果たす正課外教育の場だと、とらえることができる」

としている。

企業は、講義やゼミといった正課の教育によって、専門知識や論理的思考力などの能力を身につけたうえで、体育会でこのような能力を身につけた学生、つまり文武両道の学生を理想としていると考えることができる。

じつは、戦前からこのようなイメージはあった。「〈体育会系〉就職の起源に関する社会史的研究」（東原文郎・中澤篤史・寒川恒夫著『日本体育学会第58回大会予稿集』2007年9月5日）によれば、明治末期から昭和初期にかけてもっとも読まれたビジネス大衆誌「實業之日本」の言説から、体育会系は体格がよく、健康で、成績のよすぎない好人物というイメージで語られていたことがわかった、としている。

おもしろいのは、これと対照的な文学部の学生へのマイナスイメージである。ひ弱、虚弱体質、ガリ勉、偏屈者と、散々である。その背景には、当時の企業社会にとって問題だった結核罹患《りかん》率の高さ、労働争議や小作争議の増加があるという。文学部の学生は不健康なうえに危険思想にかぶれているというイメージがあったため、彼らと距離を置く体育会の人間がビジネスマンとして理想の人物であった、と推察している。

もっとも、当時は、左翼思想が社会の敵と見なされた時代であったことを割り引く必要がある。当時から、文武両道を実現している体育会系を好むことは、頭でっかちのガリ勉を嫌うことの裏返しであり、これは現在でも共通するのではないだろうか。

重要なのはあくまでも文武両道であり、勉強だけしていることも評価されにくいが、スポーツだけしていることもまた評価されにくいということである。

アメリカにおける大学スポーツの現状

『文武両道、日本になし』(マーティ・キーナート著、加賀山卓朗訳、早川書房)という本がある。このなかで著者は、アメリカの秀才アスリート、すなわちスポーツのエリート選手(プロ選手、オリンピック出場選手)でありながら、医者、弁護士、宇宙飛行士などとしても活躍した人たちを紹介しながら、日本にはこうしたスポーツ選手が皆無で、教育とスポーツのバランスをとる余地がない、と論じている。

その理由として、日本には、スポーツか学問のどちらかに身を捧げる求道《ぐどう》精神をほめたたえる美徳があることと、朝から晩までスポーツだけをするか、勉強だけをするかというような日本の教育のあり方を取り上げている。

もちろん、アメリカにも、スポーツばかりする学生や、勉強ばかりする学生もいるだろうが、文武両道をうながす制度や慣習もある。アメリカの名門大学は、高校の成績や共通テストの成績に加えて、生徒会での活動やクラブ活動、さらに地域貢献などのボランティア活動も入学選考の対象としている。いわゆる、ガリ勉優等生ではない生徒を採ろうとしていることはよく知られている。

そして、大学に入ってスポーツ部に所属しても、学業がきびしくチェックされる。たとえば、GPA（全授業の成績の平均）が基準を下まわると試合に出場できなくなるし、学業の妨《さまた》げとならないように、スポーツ活動ができる時間は1週間に20時間と決められている。

全米大学体育協会（NCAA）は、選手の学業成績をモニターする「アカデミック・パフォーマンス・プログラム」を設置し、学生の成績や卒業率がNCAAの定める最低ラインを下まわると、チームにきびしい処分を科すという（鈴木友也「大学バスケ優勝チームが受けた、『学業不振』による厳罰」、「日経ビジネスオンライン」2011年6月2日）。

実際、名門コネチカット大学のバスケットボール部は、所属部員の学業不振により奨学生枠を2つ減らされるというペナルティを受けている。これによって優秀な選手をスカウトしにくくなるので、チームにとっては大きな痛手である。

また、監督契約には、バスケット部員の学業が基準を下まわった場合は10万ドルを同大学の奨学生基金に寄付するという条件があり、決勝トーナメント進出で得た奨励金も没収されるなど、指導者が受けるペナルティはじつにきびしいものになっている。

鈴木氏はこれについて、学業をおろそかにしてはいけないという理由のほかに、ビジネス面の理由がある、と指摘する。すなわち、アメリカでは、大学スポーツが非常に大きな利益を生むビジネスとなっているからだ。

というのも、大学スポーツはあくまでもアマチュアであってプロではないから、税制上の優遇を受けて、選手には年俸を払わなくてもよいという特権が与えられている。しかし、選手が学業をおろそかにしてスポーツばかりしていたのでは、アマチュアスポーツといえず、こうした特権を奪われるため、きびしいチェックが行われるのだという。

理由は決してきれいごとではないにせよ、アメリカは学業とスポーツを両立させるためにかなりきびしい罰則を設け、文武両道を奨励しているようである。日本でも多くの大学が文武両道を実践したいと希望を述べているが、まだ試行錯誤の段階にあるといえるだろう。

2 引退後のプロ選手はどこへ行く?

若手選手たちが抱く生活への不安

スポーツ選手にとっての夢は、その多くがプロになることではないだろうか。ただ、高校、大学を終えてプロ選手になれたとしても、プロの世界は競争が激しく、一流選手になるのはさらにたいへんなことである。

たしかに、プロ選手として一流になれば、収入は格段にふえるし、世間からの注目度は高く、人気者になれる。しかも、現役を終えたあとも、監督、コーチ、解説者、フロント要員などの道が開かれている。

しかし、現実には、ほとんどの選手がプロをあきらめて別の世界に進まざるをえない。とくに、食べていくためにはスポーツの世界を離れる必要があり、異種の仕事を見つけなければならない。

やや特殊なケースだが、プロの世界を離れてから不幸な人生を歩んだ野球人を2人取り上げておこう。あとで成功例も紹介する。

1人は、東海大学のエースだった高野光である。首都大学リーグでは23勝1敗、防御率0・95というみごとな成績を残した。1983（昭和58）年のドラフト会議でヤクルトから1位指名を受け、入団後はエースとして活躍する。10年間の現役生活で通算51勝55敗の成績を残して引退した。

その後、オリックスのコーチを経て、台湾や韓国の球団でもコーチを務め、2000年に帰国する。国内で仕事を探したがうまくいかず、精神的にも不安定となり、39歳でみずから命を絶った。

もう1人は、1984（昭和59）年に、青山学院大学からドラフト2位でロッテに入団した小川博である。東都大学リーグの〝お荷物〟と見られていた青山学院にも有望な選手がいることを世に知らしめた。青山学院からはその後、小久保裕紀や井口資仁《ただひと》らスター選手が誕生するが、小川はそのさきがけであった。

小川は21勝26敗、防御率4・12というそこそこの成績を残して引退し、コーチ、球団職員を務めたあと、ロッテを退団する。その後、産業廃棄物処理会社でサラリーマン生活を始める。会社ではそれなりに昇進するが、消費者金融に手を出し、最後は殺人事件を起こして無期懲役の判決を受けた。

プロ選手の第2の人生はさまざまである。ふつうの会社員になる人もいれば、商売や飲食業を始める人も多い。現役を終えてから、あるいは現役中に芽が出なくてプロ選手を引退してから、どのような職につくのか、どのような方法で生活の糧を求めるかは、重要な問題である。

現役の選手も、引退後については不安に思っているようである。NPBが2011年10月、宮崎のフェニックスリーグに出場した現役の若手プロ野球選手223人を対象に行った「セカンドキャリアに関する意識調査」によると、じつに7割の選手が引退後の生活に不安を抱えていることが明らかになった。

具体的には、進路面と収入面で不安をもっており、貯蓄をしていない選手や貯蓄があるかわからない選手が合わせて35パーセント以上にのぼるなど、金銭に対して無頓着《むとんちゃく》な選手も多いことが示されている。

引退後に希望する職業としては、高校野球指導者をトップにあげる選手が28・4パーセントを占め、以下、飲食店開業13パーセント、大学・社会人指導者11・7パーセント、スカウト・スコアラー11・1パーセントと続いている。やはり、人気があるのは野球指導者である。ただ、プロ野球の監督やコーチは8・6パーセントと意外に低い。解説者にいたっては、わずか0・6パーセントにすぎない。これらの職業は花形であり、あこがれではあるだろうが、現実的に難しいと見ているのだろう。一般企業会社員も4・9パーセントと低い。

引退した選手たちの実際の進路

では、引退した選手は、実際にどのような職業についているのだろうか。本書でこれまで用いてきた、プロ野球引退者2421人のデータを見てみよう。

ウィキペディアなどで選手名を検索して調べたところ、引退後の職業がわかっているのは、このうち1685人（約70パーセント）で、215ページの表にまとめたとおりである。

これを見ると、もっとも多いのは、球団幹部、スカウト、打撃投手、ブルペン捕手などのフロント・球団職員（本来は、球団の幹部と打撃投手などの裏方は分けるべきだが、どちらに分類すべきかあいまいな仕事もあるため、2つをまとめて集計している）で25・4パーセント、それに続くのが、プロ野球のコーチ（1軍、2軍、3軍を含む。2軍については監督も含む）の20・4パーセントである。

表の数字については、引退後すぐにこうした職についている人も、ほかの職業を経験してからついている人も含まれているし、1人で複数の職業を経験している場合も多いので、実際よりも大きい数字が出やすいことに注意していただきたい。

また、コーチや球団職員は、公的年金を受給できる年齢まで雇用されるとはかぎらず、なかには1年で解任されることがある。そうしたことを考慮すると、引退後もプロ野球にかかわる仕事ができる人はあまり多くはないといえる。

前述の現役若手選手へのアンケートでは、高校野球や大学・社会人野球指導者の人気が高かったが、アマチュア野球（社会人、大学、高校）と独立リーグの指導者になった人は、全体の9・3パーセントしかいない。韓国や台湾など、海外の球団の指導者になった人が4・6パーセントいるので、合わせると14パーセントほどである。

したがって、現役選手の希望が実現する可能性は、それほど高くないというのが現状である。ただ、リトルリーグなどの指導者になった人が7・8パーセントいるので、小中学生に対する指導も視野に入れれば、指導者になる道は若干広がるともいえる。

現実味があまりないと思われそうな解説者（評論家を含む）だが、実際は引退選手の12パーセントが経験している。人気の高い地上波だけでなく、衛星放送やラジオの解説者、あるい

⚾プロ野球選手の引退後の職業

（％）

職業	全体	大学出身者	高校出身者
プロ野球監督	1.6	3.0	1.0
プロ野球コーチ	20.4	28.3	17.0
解説者	12.0	16.6	10.0
フロント・球団職員	25.4	33.6	21.9
独立リーグ・社会人・大学・高校などの野球指導者	9.3	10.8	8.7
リトル・シニアリーグ、野球塾などの指導者	7.8	7.8	7.9
他国の指導者	4.6	5.5	4.3
独立リーグ・社会人野球選手	9.2	8.8	9.3
他国の野球選手（メジャーリーグ以外）	2.3	3.2	2.0
ほかのスポーツ（ゴルフなど）	1.3	0.4	1.7
民間企業の従業員、公務員など	9.3	8.9	9.4
飲食業（経営者、従業員を含む）	4.6	4.3	4.7
実業家（飲食業は除く）	4.0	4.1	3.9
タレント	2.3	2.7	2.1
学校教師（野球指導者は除く）	0.7	1.2	0.4
実家	1.1	1.4	1.0
トレーナーなど	1.2	1.1	1.3
審判	0.7	0.1	0.9
その他	2.0	2.7	1.7
不明	30.4	18.2	35.6

注１）引退後の職業が不明の人も含めた2421人全員を分母とする割合
注２）１人で複数の職についている場合もある。引退後、１度でも経験したものをあげている

は新聞でコラムを執筆する評論家など、多少幅広く考えると、思ったより多くの引退選手がこうした仕事をしていることがわかる。

飲食業（経営者、従業員を含む）は4・6パーセントで、これは予想より少ない。民間企業の従業員、公務員などは9・3パーセントとなっており、むしろこちらのほうが多い。

さらに、引退後の職業がわからない人が30パーセントほどいるが、このなかには民間企業の従業員になった人も多数含まれていると思われる。

学歴・学校歴と引退後の相関関係を分析する

それでは、引退後の職業はどのような要因によって決定されるのだろうか。もちろん、選手個人の実績や性格によって、希望職種が異なるのはまちがいないが、ここでは本書の関心にしたがって、おもに学歴や学校歴の影響を見ていこう。

手法は、第3章で監督やコーチになる確率を検証したときと同じ「プロビット分析」を用いる。説明変数についても、第3章と同じものを用いる。引退後の職業は多数あるが、ここでは、次にあげる5つについて調べることにする。

・解説者
・球団フロント＋職員
・アマチュア野球（社会人、大学、高校）＋独立リーグの指導者
・民間企業の従業員＋公務員
・飲食業

では、分析結果を見ていこう。

〈分析①＝解説者〉

学歴や学校歴が影響を与える職種は解説者だけで、大卒の場合は、解説者になる確率が3パーセントほど上がる。

学校歴で見た場合は、解説者になる確率は東京六大学出身者が約8パーセント上昇し、かなり数字が大きくなるが、あとは高卒と変わらないか、むしろ低くなるグループもあった。

NHKのプロ野球解説者は、BS担当者や地方のローカル放送の担当者も含めると、2012年春時点までに53人確認できた。ちなみに、野球解説者のなかでも、NHKのプロ野球解説者はエリートのような存在で、その後、監督になることも多い（原辰徳、藤田元司、星野

NHKのプロ野球解説者の出身校（1969〜2012年春）

大学出身者		31人
1	明治大学	9
2	法政大学	5
3	早稲田大学	4
3	慶應義塾大学	4
5	亜細亜大学	2
6	愛知工業大学	1
7	関西大学	1
8	関西学院大学	1
9	関東学院大学	1
10	駒澤大学	1
11	中央大学	1
12	東海大学	1
高校出身者		21人
不明		1人
計		53人

注）Wikipediaなどを用い、筆者集計

仙一、山本浩二、梨田昌孝など）。

この53人のうち、60パーセント弱にあたる31人が大卒であるが、出身大学を見ると、やはり東京六大学出身者が圧倒的に強い。

上の表はその内訳だが、明治大学が9人で他大学を引き離して1位、次いで法政大学が5人で2位、早稲田大学と慶應義塾大学がそれぞれ4人で3位となっている。

プロ野球選手を多数輩出している東都大学野球リーグのグループは、亜細亜大学、駒澤大学、中央大学を合わせてわずか4人で、他地区の大学出身者はきわめて少ない。

〈分析②＝球団フロント＋職員〉

解説者以外の職業については、学歴や学校歴による差はほとんど見られなかった。東京六大学出身者の場合、球団フロント＋職員となる確率が8パーセントほど上がるという結果も得られたが、あまり安定的な結果とはいえず、信頼性は高くない。

ただ、球団幹部になるのと裏方の職員になるのとでは、学歴や学校歴がもたらす影響は異なるだろうから、厳密に分離して推定すれば、学歴や学校歴の効果がより正しく計測されるだろう。

〈分析③＝アマチュア野球（社会人、大学、高校）＋独立リーグの指導者〉

アマチュア野球（社会人、大学、高校）＋独立リーグの指導者になる確率については、学歴や学校歴によって差がないという結果が出て、やや意外に感じられた。というのも、高校野球や社会人の指導者になるのは東京六大学出身者が多いというのが、これまで見てきた事実であったからだ。

これは、プロ野球を経験した人がアマチュア野球や独立リーグの指導者になるのと、大学を出て教員になって高校野球の指導者となる、あるいは実業団で活躍してその指導者になるのとでは、違いがあるということなのだろう。

〈分析④＝民間企業の従業員＋公務員〉

民間企業の従業員や公務員になる確率についても、学歴や学校歴は影響をおよぼしていなかった。ただし、民間企業の従業員や公務員になる人については、収入面や昇進のスピードにおいて、学歴や学校歴の違いが効いてくることがあると考えられる。

〈分析⑤＝飲食業〉

飲食業についても、学歴や学校歴の影響は観察されなかった。

〈番外編＝職業が不明となる確率〉

- 大卒は高卒より5・5パーセント低い。
- 東京六大学出身者は10〜11パーセント低い。
- 東都大学野球リーグ出身者は6パーセントほど低い。

これは、東京六大学出身者は、引退後も何かとその動向が取り上げられることが多いからだろう。

いずれにしても、ここにあげた職業につく確率を左右するのは、やはり選手としてどれだけ活躍したかである。

〈選手として成功を収めてから引退した場合〉

- 解説者になる確率は6パーセント強高まる（東京六大学出身者である効果よりは小さい）。
- 球団フロント＋職員になる確率は10パーセント減少する。
- 民間企業の従業員＋公務員になる確率は5パーセント減少する。

これは、第3章の分析と合わせて考えると、大活躍した選手は、監督やコーチ、解説者という花形の職業につくことが多いからだろう。また、1軍に長くいた経験のある選手は、これら5種類の職業につく確率がどれも上昇するが、これは職業が不明となる確率が下がることの裏返しである。

このように、プロ入り後の活躍度を考慮に入れても、ドラフト会議の指名順位がその後の人生についてまわることが明示されている。すなわち、解説者、アマチュア野球（社会人、大学、高校）＋独立リーグの指導者、飲食業は、ドラフト1位指名を受けた選手のほうが、2位以下よりも確率が上がることがわかっている。

飲食業でこういう結果が出たのは非常におもしろいが、ドラフト1位の選手は、選手としては成功しなくても、野球ファンを中心に有名なので、お客を呼べる点で営業上有利なのかもしれない。なお、職業が不明となる確率も、ドラフト1位の選手は2位以下にくらべると10パーセント以上低くなっている。

元高校球児の田口元義《げんき》氏も執筆している『パ・リーグ ドラフト1位のその後』（別冊宝島編集部編、宝島社）という書籍もあるので、上位指名選手は引退後も何かと注目され、下位指名の選手にくらべると引退後の様子がわかりやすい状況にあるのだろう。

サッカー選手の引退後のセカンドキャリア

野球の話が長くなったが、ここからはJリーグの選手の引退後について見ておこう。

Jリーグは、ある意味、プロ野球以上にきびしい世界である。プロ野球とくらべると、契約金や年俸は低いし、現役を続けられる期間も短い。J1とJ2を合わせて約1000人の選手が所属しているが、毎年100人ほどの選手が戦力外となっている。

前出の『Jリーグの行動科学』によれば、引退選手の平均年齢は25・6歳で、じつに7割の選手が20代で引退している。ちなみに、プロ野球の引退選手の平均年齢は29歳（「日本プロ野球選手会」公式ホームページより）である。

したがって、サッカー選手の場合、引退するまでにあまり貯蓄をふやすことはできないと予想できる。それだけに、引退後の生活への不安も大きい。

やや古いデータだが、1999年にJリーグ選手協会が選手を対象に行ったアンケートでは、8割の選手が引退後の生活に不安をもっているという。これは、先ほど紹介した現役若手野球選手へのアンケートとくらべて1割程度多い。

こうした不安に応えるため、Jリーグは2002年、引退した選手のセカンドキャリア探しを支援する「キャリアサポートセンター」を開設した。具体的には、現役選手に民間企業でインターンシップを経験させたり、資格取得をサポートしたりするほか、引退選手を受け入れてくれる企業を探したり、カウンセリングを行ったりもしている。

幼いころからサッカー漬けの毎日であった選手が多いため、サッカーを終えたあとのキャリアを考えるさいには、大きな意識の変化が必要となるし、具体的なキャリア形成の手助けも重要である。

これも古いデータで恐縮だが、2002年にJリーグを引退した選手を対象に、キャリアサポートセンターが引退後の進路を調査（2003年3月時点）した。

戦力外となった選手は131人にのぼり、このうち5人がJリーグの他チームへ移籍、37人がJFLや地域リーグのチームへ移籍し、サッカー選手としてのキャリアを継続している。そして、22人はJリーグスタッフとなり、5人はサッカー関連企業へ就職し、9人がサッカー以外の一般企業に就職している。さらに、6人が就学、18人が準備中、9人が未定、20人は不明であった。

引退年齢が若いということは、民間企業に再就職する場合には有利に働くと思われるので、悪いことばかりではないかもしれない。20代半ばから大学に入っても、順調にいけば30歳前には卒業できる。

キャリアサポートセンターは、法政大学、高松大学、吉備国際大学と協定を結んで、大学進学を希望する選手に対して入学枠を確保している。こうした制度を利用し、引退後に大学で学びなおしつつ、4年間かけて第2の人生を考えることは、必ずプラスに働くだろう。

ごく最近のことだが、同志社大学出身で、選手としてはガンバ大阪、レッドブル・ザルツブルク、ヴィッセル神戸で活躍した元日本代表、宮本恒靖がFIFAの大学院に入学し、指導者の道を歩みはじめている。宮本はもともと英語が得意なので一般化はできないが、国際的な指導者になろうとしている姿は評価できる。

スポーツを終えたあとの人生を考える

プロのスポーツキャリアを終えた人、企業スポーツでの役割を終えたあと、企業で一般社員として働きつづけられなくなった人、高校・大学でスポーツを主としていた学生の就職など、どういう立場にいる人であっても、その後、どのような姿で働くかはきわめて大切なことである。

すなわち、人は食べるために働かざるをえない。働くためにはどうすればよいか、という一般論については、『いま、働くということ』（橘木俊詔著、ミネルヴァ書房）に譲り、ここではスポーツに取り組んだ人に関することに限定する。

銘記すべきは、過去の栄光とか、スポーツという夢を追いつづけたことを忘れる必要がある、ということだ。世の中には無数の仕事がある。多くの仕事は肉体的にも精神的にもつら

スポーツ選手のセカンドキャリア

岩渕健輔(36歳):日本ラグビー協会15人制日本代表GM

青山学院高校→青山学院大学→神戸製鋼
1999年ラグビーワールドカップ日本代表、ケンブリッジ大学社会政治学部修士課程修了

桧山泰浩(45歳):司法書士、資格試験予備校専任講師

東筑高校→近鉄
福岡県立東筑高校は、県内有数の進学校

池田　学(32歳):不動産会社勤務

清水商業→浦和レッズ
U-20日本代表。湘南ベルマーレにも所属。宅建合格

小桧山雅仁(43歳):TBSラジオ勤務

桐蔭学園高校→慶應義塾大学→日本石油→横浜
バルセロナ・オリンピック代表。横浜退団後、台湾プロ野球でもプレー

重野弘三郎(41歳):Jリーグキャリアサポートセンター専任スタッフ

滝川第二高校→鹿屋体育大学→セレッソ大阪
富士通川崎にも所属。引退後、鹿屋体育大学大学院進学。プロサッカー選手のセカンドキャリアについて修士論文執筆

小椋哲也(42歳):不動産会社社長

藤沢西高校→早稲田大学→ガンバ大阪
パリ・サンジェルマン、京都パープルサンガにも所属。引退後、建設会社を経て、独立

石間崇生(32歳):銀行勤務

清水東高校→同志社大学→京都パープルサンガ
引退後、同志社大学へもどり、卒業後、就職

野口裕美(51歳):産業用機器メーカーシンガポール現地法人社長

米子東高校→立教大学→西武
同社半導体機器カンパニー営業統轄部長などを経て現職

伊達昌司(37歳):都立高校教員

法政大学第二高校→法政大学→プリンスホテル→阪神→日本ハム→巨人
引退後、法政大学で科目等履修生となり教員免許を取得。高校野球指導者にも認定

土田雅人(50歳):サントリー酒類執行役員

秋田工業→同志社大学→サントリー
現役引退後、サントリー監督を務める。本業では西東京支店長などを経て現職

一ノ矢充(51歳):高砂部屋マネージャー

徳之島高校→琉球大学→高砂部屋
角界初の国立大学出身力士、昭和以降の最高齢力士

酒井俊幸(36歳):東洋大学陸上競技部監督

(学法)石川高校→東洋大学→コニカミノルタ
1年から箱根駅伝出場。実業団で活躍。学法石川高校の教員(陸上部顧問)を経て32歳から現職

資料)Wikipedia ほか

いものである。世の中の多くの人は、このつらい仕事も、生きるために歯を食いしばってがんばっている。

しかし、スポーツをしてきた人は、幸いなことに、楽しいながらも非常に過酷な練習に取り組んできた経験があり、「がんばる」精神が宿っているのは確実である。やる仕事の種類はスポーツとは異なるが、「がんばる」という気概さえあれば、働くことに抵抗はないと思われる。もし、仕事が自分の興味や能力に合ったものであれば、それに勝る幸福はない。

仮にそうでない場合は、転職という手もある。転職して成功すれば幸福であるが、たとえ失敗しても、あわてる必要はない。そこそこ働くだけでいい、と達観すればいい。食べるだけのために働いていると思ってもいいし、がんばって働くことだけが人生ではないと判断することは、人間において許される、ということを強調しておこう。

ただし、そのときは、所得の高い裕福な生活を送ることはあきらめる必要がある。

これに関しては、次に大越基《もとい》と八十《やそ》祐治の2人を紹介して、こういう道もあるということを示したい。なお、大越については、『パ・リーグ ドラフト1位のその後』に負う。また、八十については、JリーグOBの紹介パンフレット「Off the Pitch」と、早稲田大学が主催した本人の講演「Jリーガーから弁護士へ」をもとにした。

スター街道から一転、高校教員となった大越基

青森育ちの大越は、仙台の強豪、仙台育英学園に野球留学して寮生活を始めた。エースとして高校3年の春・夏連続して甲子園に出場し、夏の大会では準優勝している。

プロ野球からの誘いを断り、早稲田大学に進学して野球エリートの道を歩みはじめるが、野球部では風習であるシゴキとイジメにあうことになる。ほとんどの選手がこの悪習に耐えるなか、大越はそれを許すことができず1年で中退する。その後、アメリカに渡ってメジャーリーグに場を求めるが失敗している。

そんな大越に好運が訪れた。ダイエーがドラフト会議で1位指名してくれたのだ。しかし、投手として入団したものの成功せず、野手に転向する。守備や代走要員として活躍したが、11年間在籍したあと、解雇される。

プロを引退後の大越の人生はみごとであった。山口県の東亜大学に入学し、経済的にも年齢的にも苦労はあったが、がんばり精神で教員免許を取得する。そして、早鞆《はやとも》高校の教師になり、野球部の監督も務めている。野球部は強くはなかったが、2012年3月の第84回選抜高校野球大会に出場するなど、実績をあげつつある。

大越は、仙台育英学園、早稲田大学、ダイエーというスター街道を歩んできたが、引退後はごくふつうの大学で学び、ごくふつうの高校に赴任した。派手な人生ではないが、地道に歩む姿に敬意を表したい。

Jリーガーから弁護士へ転身した八十祐治

八十は、川端康成はじめ著名人を輩出した名門、大阪府立茨木高校から神戸大学経営学部へ進み、高校、大学ともにサッカー部に所属した。神戸大学といえば、「旧三商大」と称されたほどの名門である。当時、神戸大学のサッカー部が国立大学で唯一、関西学生サッカーリーグの1部に入っていたため、1浪しての進学であった。

大学での学生選抜の試合後、ガンバ大阪から声がかかり、1993年にJリーグが開幕すると同時に入団した。当時はまだ景気がよく、銀行などから就職の誘いがあったが、すべて断ってプロ選手となったのである。

ガンバ大阪には2年間所属したが、出場したのは合わせて3試合、時間にして90分未満であった。ガンバ大阪を退団後、当時はＪＦＬのチームだったヴィッセル神戸、アルビレオ新潟／アルビレックス新潟でプロ選手として3年間プレーした。

いずれのチームからも、戦力外となったときにフロント入りを打診されたようだ。サッカーを続けたいという意思があったので断ったようだが、こうした誘いがかかるのはやはり名門大学出身だからであろうか。

新潟を戦力外になったあと、1998年に横河電機のサッカー部員、つまりアマチュア選手となった。このとき、教員になってサッカーを指導したいという気持ちから、佛教大学の通信教育課程に入学し、4年かけて英語の教員免許を取得している。そして2000年、八十は31歳でサッカー選手として現役を終えた。

引退後は、目標がないためやる気を失ってしまった。そこで一念発起し、当時100万円ちょっとあった貯蓄をはたいて司法試験専門の予備校に通うことにした。働きながら予備校の講義を受け、毎日帰宅後、夜9時から朝3時まで猛勉強を続けた結果、努力が実ったのは2005年、4回目の挑戦のときで、八十は35歳になっていた。

名門大学出身でJリーグの選手になるという輝かしい人生のあと、一度は収入もあまり多く得られない生活を送って苦労し、その末に最難関の司法試験合格という栄冠を手にした八十の人生は、まさに「努力は実る」ということを教えてくれる。同時に、文武両道の大切さも教えてくれていると感じる。

第5章

高校・大学におけるスポーツ優遇策の功罪

1 早稲田大学のスポーツ優遇策を検証する

早稲田の重点スポーツは野球、ラグビー、マラソン

早稲田大学の関係者によると、早稲田で重点を置くスポーツは、野球、ラグビー、マラソン（正確には駅伝）の3つだという。

本書で示したように、早稲田大学は大学サッカーの王者であるにもかかわらず、3大重点スポーツにサッカーが入っていないのは不思議である。想像するに、いまサッカーはプロリーグが中心になっているため、プロチームのユース、あるいは多くのプロ選手を生む高校サッカーに注目が集中している。大学に有力な選手が進学しなくなったため、大学サッカーの水準が低くなったことと関係するのだろう。

とはいえ、大学サッカー部の出身でもプロチームの有力選手になっている人は、少なからず存在する。たとえば、明治大学出身で屈強ディフェンダーとして有名な長友佑都（インテ

ル）、福岡大学出身でドリブルに優れた永井謙佑（名古屋グランパス）、流通経済大学出身で冷静なプレーが持ち味の山村和也（鹿島アントラーズ）などがいる。

つまり、大学サッカー部の出身者がすべて一流ではないと決めつけることはできないが、大学サッカーがひと昔前ほどの注目を浴びていないことは確かである。そのため、早稲田でも重点スポーツから外れたのだろう。

ラグビーはサッカーほどの人気はないが、いまでも早稲田では重要なスポーツとして認識されている。その理由としては、野球やサッカーはプロチームが全盛であるのに対して、ラグビーの場合はトップリーグという社会人ラグビーがあることが考えられる。企業お抱えのリーグであるとはいえ、純粋のプロリーグではない。

つまり、ラグビーにはアマチュアスポーツというイメージが残っており、そのため自然と大学ラグビーに人びとの関心と支持が集まり、早稲田のラグビーを大切にしようという雰囲気が残っているのである。また、ラグビーは体と体のぶつかり合いという肉弾戦であることが、競技を見る人の興奮を呼び、根強い人気を維持している。

とくに早稲田大学では、野球ほどではないものの、ラグビーの早慶戦も学生や卒業生の関心が高い。また、一時期、重戦車フォワードの明治と軽快に走る俊足バックスの早稲田との対比から、明治大学との試合は早明戦として大きな人気を博した。このように、早稲田ラグビーはつねに大学ラグビー界の中心に位置してきたのである。

ついでながら、西の名門私学である同志社大学の重点スポーツは、野球とラグビーである。同志社のラグビー部は、慶應義塾大学、旧制三高（現・京都大学）に次いで、日本で3番目に創部され、伝統を誇るとともに、関西では強豪チームとして有名である。

とくに、全国大学ラグビーフットボール選手権大会では、1982～84年、平尾誠二や大八木淳史といったスター選手の活躍により史上初の3連覇を達成している（2011年、帝京大学が3連覇を達成し、この記録に並んだ）。ちなみに、2011年までの優勝校を見ると、早稲田大学が15回、明治大学が12回を数える。早明戦がいかに強豪どうしのラグビーマッチであるかを物語っている。

早稲田大学における野球の重要性は、だれもが知るところである。とくに、東京六大学野球リーグと早慶戦の人気は一時期、低迷したものの、現在はかなりの人気を誇っており、学生スポーツの華《はな》として君臨しているといっても過言ではない。すでに述べたように、早稲田大学でスターとして活躍した選手がプロ野球でも活躍した例は多く、早稲田大学はプロへの登龍門という一面もある。

私（橋木）が好きな早稲田出身の名選手といえば、華麗な守備で活躍した広岡達朗（巨人）、早慶戦6連戦（1960年の秋季リーグ）で5試合を投げ抜くという離れ業を演じた安藤元博（東映に入団後はさほど活躍しなかった）、史上屈指の左打者でベストナインに何度も輝いた谷沢健一（中日）、東京六大学野球リーグで最多打点（81打点）と最高打率（3割7分9厘）を誇る岡田彰布（阪神）、同リーグで三振奪取記録476を達成した和田毅（左の好投手。ソフトバンク→メジャーリーグへ移籍）など、枚挙に遑《いとま》がない。

さて、3つ目のマラソンが、なぜ重要なスポーツなのか、やや不思議な感があるが、よく考えてみると、日本じゅうに大学の名前をアピールするのに役立つからである。第1章で強調したように、毎年、1月2日と3日に行われる箱根駅伝は、テレビで全国放送され、大学名が連呼される。無料で大学の宣伝ができるのだ。だから、各大学はこぞって優秀な選手を集め、上位をねらおうとする。

なぜ早稲田大学では一流選手が育つのか

早稲田大学がスポーツで有望な選手を意図的に入学させて、さまざまなスポーツ種目において第一級の選手を育てあげ、プロ、アマを問わず大活躍する選手を輩出したり、あるいは抱えていたりすることはよく知られている。

オリンピック競技における代表的な種目と人物をあげれば、女子フィギュアスケートのトリノ・オリンピック金メダリスト、荒川静香が思い浮かぶ。系列校の早稲田実業学校から早稲田大学に進んだ斎藤佑樹は甲子園のヒーローとして、また東京六大学野球リーグでも活躍した。さらに、女子卓球の人気者である福原愛も一時期、在籍していたが、最終的には中退している。

なぜ、早稲田大学はスポーツに優れた学生を入学させているのか、そして、なぜ、在学中に一流選手に育てあげることに成功しているのか、さまざまな角度から検証してみよう。

まず、入学に関しては、スポーツは体力勝負なので、最上級の身体的素質をもっていることと、かなりの競技経験があることが期待されるのは自然なことである。

戦前から早稲田はスポーツに強かったが、あからさまにスポーツに強い学生を優先的に入学させるようなことはなかった。その理由の1つとして、戦前の早稲田、慶應義塾の両大学は、現在ほどの超難関校ではなかったからだ。当時の優秀な中学生の多くは旧制高校をめざしていた。すでに述べたように、早稲田大学から巨人に入団した三原脩が旧制四高をめざしていたことを思い起こしてほしい。

戦後、早稲田と慶應義塾の両大学は名門度を上げ、入学試験の難易度がかなり上昇した。しかし、救いの手はあった。それは、勤労学生に就学の機会を与えるために設けられた夜間部（あるいは2部）の存在であった。

夜間部は、国立、私立を問わず存在し、貧しい家庭に育ったが向学心の強い学生には福音となる制度であった。ちなみに、早稲田大学の場合、各学部に2部があったが、お坊っちゃん大学のイメージが濃い慶應義塾は夜間部を設けなかった。

幸か不幸か、昼間部よりも夜間部のほうが試験問題が多少やさしいので、スポーツをめざす高校生の多くが夜間部に入学した。ついでながら、戦後最大の映画女優、吉永小百合も早稲田大学第2文学部を卒業している。

もう1つ、スポーツ選手が夜間部を志望する理由は、昼間はスポーツの練習をし、夜間に講義に出席することでスポーツと学業の時間配分をうまくできるという事情がある。先に、同志社大学ラグビー部の黄金時代について述べたが、その当時の有力選手には2部で学ぶ学生が多かった。

昼間の猛練習に疲れ果て、「教室では寝ていることが多かった」と同大学の教授から聞いたこともあるが、当時は昼間の学生も多くが講義をサボっていたので、スポーツ選手だけを責めるのは不公平だといえるだろう。

「文武両道」を貫徹した小宮山悟と谷沢健一

私たちは、早稲田大学教育学部に2浪して入学した小宮山悟を称賛したい。2浪してまでも早稲田大学に入学し、早慶戦で投げたいという希望には非常に尊いものがあるし、苦労してそれを成し遂げた気概には感心する。

小宮山は2年生のときからエースとして投げ、4年生のときには主将という大役を果たす。プロ野球のロッテで活躍したあと、メジャーリーグに移るが成功はしなかった。帰国後、ロッテで主として中継ぎ、抑えとして活躍して44歳で引退する。

小宮山の真骨頂は、プロ野球引退後の2006年、早稲田大学大学院スポーツ科学研究科に入学し、2年後に修士号を取得したことでふたたび発揮される。学部と大学院という学問の場をまっとうし、かつ野球というスポーツで大活躍した小宮山は、文字どおり文武両道を歩んだ人として尊敬に値する。

小宮山はいつか早稲田大学野球部の監督になるのではないか、という私（橘木）の質問に対して、早稲田大学の有力なスポーツ関係の教授は、笑いながらも否定はしなかった。

もう1人の谷沢健一も、文武両道を果たした野球人である。習志野高校の野球部監督の指導方針に共鳴して同校に入学。甲子園をめざすが、千葉大会の決勝戦で木樽正明（のちにロッテに投手で入団）を擁する銚子商業に敗れ、涙を呑んだ。

谷沢は早稲田大学第2文学部を一般受験し、合格。野球部に入部した谷沢は2年生からレギュラーとして活躍し、首位打者となる。1969（昭和44）年の早大野球部は、荒川尭《たかし》、小田義人、阿野鉱二、そして谷沢という強力打線を誇っていた。とくに谷沢は、通算打率3割6分、本塁打18本という大活躍であった。

関東育ちの谷沢は巨人に入りたかったが、ドラフト会議で中日から1位指名を受けて同球団に入団する。デビュー当初からレフトのレギュラーとして活躍し、新人王に輝く。首位打者には二度も輝いており、本塁打も量産する実力の持ち主であったが、アキレス腱痛に悩んで39歳で引退した。

選手として中日で現役を通したので、中日のコーチ、監督の道を歩むと思われたが、監督に就任した星野仙一やフロントとの関係がうまくいかなかった。そのため、中日には残らずに解説者や西武ライオンズのコーチを務めている。

谷沢の野球歴は第一級であるが、これ以降の人生もまさに文武両道の人であった。

谷沢は1988（昭和63）年、早稲田大学大学院アジア太平洋研究科に進学し、スポーツのプロチームの経営はどうすればよいかという学問を修め、修士号を取得している。当時はまだスポーツ科学研究科がなかったため、経営学という学問分野で研究をしなければならなかったのだ。かなりの苦労があったことが想像されるが、持ち前の能力の高さと努力でみごとに達成した。

この学識が生きて、谷沢はいま、早稲田大学スポーツ科学部で「硬式野球」や「スポーツ評論」を担当する客員教授として教壇に立っている。スポーツ専門の学者といっても過言ではない。同時に、社会人チームの監督や理事長なども務め、アマチュア野球の発展に熱意を傾けている。

谷沢のもう1つの転機は、東京六大学野球リーグの万年最下位、東大野球部のコーチになることで訪れた。大学で彼の助手をしていた若者が東大野球部のマネージャーとなり、その彼の仲立ちで東大野球部の打撃コーチに就任したのだ。打撃を強くしたいという一誠会（東大野球部OB会）の熱望もあって、御手洗健治監督が谷沢を打撃コーチに招いたのである。

谷沢は早稲田の野球関係者の了解を得て、無償でコーチを引き受けることにした。有給でのオファーを断り、アマチュアリズムに徹するという彼の気概には賛同する。弱い東大野球部をなんとか強くして、東京六大学野球リーグをもっと活性化したいという熱意が伝わってくる。

野球部とはいえ、東大の場合は選手の身体能力がさほど高くなく、しかも高校（および浪人）時代を通して勉強ばかりしていた選手が多いので、東大野球部を強くするのは容易ではないだろう。だが、逆に発想すれば、「弱い人間を強くして、その成果を見ることほど大きな感慨はない」ともいえるので、谷沢の熱血指導に期待したい。

谷沢への（橋木による）インタビューの最後に、

「中日、早稲田、東大の監督にならないかというオファーが3つ同時にきたら、どの監督を選びますか」

と尋ねると、彼は微笑みながら、

「東大」

と答えてくれた。東大のコーチ役に生きがいを感じていることがよくわかる。

東京六大学の野球部の監督は、その大学のOBが就任することがほとんどである。だから、谷沢が東大野球部の監督を務めるのは困難かもしれない。しかし、もし神宮球場で小宮山監督率いる早稲田大学と、谷沢監督率いる東大の試合が行われるなら、私は京都から神宮球場に駆けつけるだろう。

スポーツ科学部とスポーツ科学研究科の創設

早稲田大学には、多くのスポーツ選手が学ぶ学部として、教育学部、社会科学部、人間科学部がある。だが、スポーツを振興し、学問として研究・教育するために、人間科学部の改組に踏み切り、2003年にスポーツ科学部が独立し、2006年にはスポーツ科学研究科(大学院)が創設されている。

この時代の早稲田大学は、日本の大学の先頭を切って拡大路線をひた走っていた。奥島孝康総長が著《あらわ》した『早稲田大学 新世紀への挑戦』(東洋経済新報社)を読むと、早稲田がなぜ拡大路線に走るのか、そして、その具体的な構想と実現の方法を知ることができる。

ちなみに、私学のもう1つの雄、慶應義塾大学は、藤沢キャンパスを創設したりしているが、早稲田ほどの拡大路線には向かわなかった。早稲田と慶應義塾における路線や校風の違いについては、前出の『早稲田と慶応』を参照していただきたい。

早稲田におけるこうした取り組みは、スポーツの学問的な研究や教育が学部ごとにバラバラになされていたのを、1つの学部にまとめて系統立てることを目的としていた。従来、教育学部や人間科学部などでは「一芸入試」によって高いスポーツ能力をもつ学生を入学させていたが、それを1つの学部に集約したのである。自然科学、人文・社会科学、スポーツ選手の健康と訓練、スポーツ医学を総合的に探究する、という意欲的な試みであった。

スポーツ科学部の卒業生は、プロのスポーツ選手になる人もいるが、きわめて少数である。大多数はスポーツ関係の仕事（スポーツ組織の管理者やトレーナー）についたり、体育教師になったり、スポーツとは関係のない一般企業に就職したりしている。

スポーツ科学部の入学試験の方法は各種ある。早稲田大学では現在、２３００人程度が体育部に属しているが、その4～5割がスポーツ科学部の学生である。スポーツ科学部の学生定員は1学年４００人、合計すると１６００人だから、スポーツ科学部の学生の半数以上がどこかの体育部に属していることになる。早稲田のスポーツを語るときは、質量ともにスポーツ科学部が大きな比重を占めているのである。

ここで、早稲田大学における重要スポーツである野球部を例に、マネージャーや学生トレーナーを除いた選手がどの学部に属しているかを計算してみた。全部員93人のうち、スポーツ科学部が33人、教育学部が21人、人間科学部が13人であり、これら3学部で67人となるので、約70パーセントを占めている（２０１2年現在）。

ちなみに、超難関の政経学部は3人、次いで法学部は4人、基幹理工学部は1人というきわめて少数派である。これらの学部ではスポーツ優遇策がとられていないので、彼らは学力で入学したと判断できる。政経学部の3人の出身校を調べると、全員が早稲田高等学院、早稲田大学本庄高等学院などの付属高校から進学しているので、学力はあると推測できる。

スポーツ優遇策を肯定する声・否定する声

では、早稲田大学がスポーツ選手を優先的に入学させている制度を、どう評価したらいいだろうか。当然のことながら、肯定的な見方と否定的な見方が混在している。

それらをひと言にまとめれば、肯定的な声としては、早稲田の名声を高めることができるということであり、早稲田はスポーツに強い、という古くからの伝統を消したくないから優秀な選手を意図的に入学させた、ということになるようだ。

これに対して、否定的な声は、早稲田がプロやセミプロの養成機関になるのはいかがなものか、学力を軽視していいのか、ということに集約される。

早稲田は私立大学であるから、建学の精神や教育方針は基本的に自由であり、まわりがとやかく論じることではないかもしれない。卒業生の同窓組織である稲門会の会合では、もしラグビー部の戦績が芳しくない年があれば、OBから「いまのラグビー部は何をしているのだ」という叱咤《しった》激励の大合唱になるらしい。

たしかに、スポーツが強ければ、卒業生の連帯意識は強まるだろう。しかし、稲門会がかなり熱心に寄付金集めをしても、スポーツが早稲田ほど強くない慶應義塾の三田会のほうが、寄付金の額では多い。

さらに、スポーツで活躍することによって、新聞やテレビで早稲田の名前が躍るから、否が応でも早稲田の知名度が上がるというメリットはある。とはいえ、早稲田ブランドはすでに天下によく知られており、スポーツに頼って、これ以上、名門度を上げる必要はない域に達しているともいえる。

早稲田大学の関係者にヒアリングすると、多数意見は次のようなものだ。すなわち、スポーツ選手を優先することを含めて、「入学者の決定に際しては、さまざまな入試方法があってよい」という。しかし、一度入学させたら、「教育に区別があってはならない」ともいう。具体的にいえば、スポーツ選手も一般学生と同様、講義や演習に出席しなければならないし、学科試験の採点でも体育会系の学生に手心を加える（ゲタを履《は》かせる）べきではないといったことである。

スポーツ科学部などでは、実技の科目を卒業単位に多く含めることによって、学生が苦手とする科目の単位修得数を減少させるという安易な方策を採用することがあるかもしれない。これをやりすぎると、スポーツ科学部やほかの学部でスポーツ中心の生活を送っている学生は、学業がおろそかになり、大学生としての専門知識はおろか、教養や基礎学力が不足したまま卒業する可能性がある。

こういう学生が社会に出て仕事についたとき、ふつうの大卒よりかなり見劣りがし、まわりからダメ出しされることがあるかもしれない。もし、このことが早稲田の卒業生に顕著に見られるようであれば、世間から、「これが早大生の学力か」といわれ、早稲田への評価が低下しかねない。

これはなにも早稲田にかぎらず、スポーツしか実践してこなかった大卒学生にも起こりうることである。大学側があまりにも学力を無視して入学させ、本人が在学中はスポーツばかりしているようなことがあれば、大なり小なり大学生としてはふさわしくない、学識に欠けた人間を世の中に送り出す危惧《きぐ》がある。私たちはこうしたことをすこし恐れるのである。

ただ、この意見に対して、反論はあるだろう。

第1に、大学生の数が同年齢人口の50パーセントを超える時代になったのだから、旧来の大学生へのイメージ、たとえば、かなりの程度の学識と見識を兼ね備えた学生ばかりを卒業させることは不可能だ、という意見はありえよう。

第2に、いまやスポーツは学問の1分野として立派に認められている。もしスポーツに優れていれば、それは学問をしていると判断してよい。

第3に、スポーツで身を立てる（すなわち生きるための糧を得る）ことに役立つ教育を大学が行うことができれば、それは立派に職業教育という役割を果たしているといえる。

早稲田のスポーツ科学部を見倣《みなら》って、いまでは国立・私立を問わず約80の大学にスポーツ関係の学部や学科が存在している。過当競争の感がしないでもない。そうしたなかで、現在のところスポーツを重視する早稲田の路線は成功している。

何よりも早稲田大学への入学を希望する学生でスポーツを志す人が多いのは、じつはスポーツ以外の点で抜きん出た「早稲田大学」というブランドにあこがれていることが影響している。スポーツで成功せず、ほかの分野で仕事をすることになるスポーツ専攻の卒業生にとっても、早稲田ブランドは必ず生きると予想して、入学を希望するのである。

前出の奥島孝康総長は、「早稲田は研究・教育・スポーツを3つの柱として、この分野ですべて一流をめざす」と高らかに宣言している。その気概は大いに称賛するが、じつはこの3

つを同時に満たすのは、そう容易ではない。これをどのように達成するか見守りたい。もし、すでに述べたようなスポーツを重視する方針がうまくいかないことがあれば、早稲田のみならず、追随するほかの大学への影響も大きいからである。

ところで、早稲田大学がこれほどまでにスポーツに肩入れするようになったのは、「過熱する大学スポーツの功罪」（高瀬毅著、「週刊エコノミスト」２０１１年1月11日号、毎日新聞社）によると、「新興の大学が台頭してスポーツの早稲田の地位を脅《おびや》かすようになったからだ」という。

実際、思いつくだけでも、野球に強い東北福祉大学や九州国際大学、ラグビーで有名な関東学院大学や帝京大学、マラソン、レスリング、スピードスケートなどに強い山梨学院大学、女子フィギュアスケートの中京大学、新興大学ではないが男子フィギュアスケートの関西大学などがスポーツへの取り組みで成功している。

高瀬氏は、早稲田大学のみならず、明治大学や立教大学もこれらの大学に負けないように対策を図っている姿を紹介しているが、スポーツ重視に関する一般論は別のところで論じることにする。

早稲田ラグビーを体現した宿沢広朗と早稲田にあこがれた桑田真澄

さて、早稲田大学のラグビーを代表する人物として、宿沢広朗《しゅくざわひろあき》について考えてみよう。宿沢は、早稲田大学がスポーツを重点的に展開する以前に入学し、文字どおり文武両道を歩んだ人である。もう1人、早大野球部とは関係はないが、早稲田がスポーツ重視を展開したあとに大学院に入学した野球の桑田真澄についてもふれておこう。

宿沢は文武両道を誇る熊谷高校から、早稲田でもっとも歴史と伝統のある政治経済学部に進学する。彼が受験した年は学生紛争によって東大入試がなかったため、しかたなく早稲田に入学したとされるが、この年の東大志望者は京都大学や一橋大学を受験する人が多かったので、彼もそうしたのかどうかは不明である。ただ、高校のときからラグビーをやっていたから、ラグビーの名門である早稲田に入学したいというのが最大の動機だったのではないだろうか。

体は小さかったが、機敏な動きと優秀な頭脳でもって宿沢はスクラムハーフとして1年生のときから活躍し、日本代表にも選ばれている。だが、卒業後は実業団には所属せず、サラリーマンとして住友銀行（当時）に入行する。ラグビーよりも企業人としての人生をめざしたのである。

銀行は宿沢を、学力、体力、気力の3拍子そろった人材として期待しただろうし、現に、彼は為替管理や法人営業の仕事で頭角を現し、役員にまで昇進するなど、ビジネスの世界においても成功者であった。

企業人として忙しい身でありながら、ラグビーに関する文章をまとめたり、テレビで解説をしたりもしていた。ラグビー協会は、華々しい競技歴をもつ宿沢を日本代表監督に招聘する。企業人として多忙であったので、監督を受けることはできないだろうと思われたが、京大時代にラグビーで鳴らした磯田一郎頭取（当時）の押しにより、銀行マンとラグビー日本代表監督という2足のわらじを履くことになる。

当時の日本ラグビーは国際的には弱かったため、彼が監督をしていたあいだのワールドカップの戦績を見てもめぼしいものはない。その後、母校である早稲田大学のラグビー部監督も務めるが、大学選手権で大敗を喫した責任をとってわずか1年で退任している。

宿沢のラグビー生活を見ると、ピークは学生時代であり、卒業後の指導者としての仕事ぶりはいまひとつであったといってよい。これは〝2足のわらじ〟ということもかなり響いているだろう。銀行マンとして取締役専務執行役員にまで昇進したのだから、こちらのほうは成功者といえるが、不幸にして55歳という若さで急逝《きゅうせい》した。

桑田真澄については、野球ファンならだれもが知るように、桑田・清原のコンビで春・夏の甲子園に5回出場し、夏に2回優勝するという高校野球のスター選手であった。1985（昭和60）年のドラフト会議で巨人から1位指名を受けて入団し、小さい体ながらもエースとして活躍した。

桑田はPL学園から早稲田への進学を表明していたため、巨人からのドラフト指名を期待していた清原は裏切られたかたちとなり、2人のあいだに微妙な心の闘いがあったことも有名な逸話である。

桑田の早稲田大学へのあこがれは、野球を辞めてから早稲田大学大学院スポーツ科学研究科に入学するというかたちで成就する。桑田は恩師である平田竹男との対談集、『野球を学問する』（新潮社）を出版しており、早稲田での生活についてはこの書によってわかる。

スポーツ科学研究科には、社会人として顕著な業績を残した人を書類と面接で合否判定する制度があり、桑田はプロ野球投手としての成績が評価されたのである。ふつう、大学院に進学するためには学部を卒業していることが条件である。大学を出ていない桑田があこがれの早稲田大学大学院に入学できたのは、スポーツを重視する早稲田の一芸入試のおかげであった。

桑田は、修士論文で最優秀論文賞を受賞するという栄誉のもとで卒業する。前出の『野球を学問する』には、桑田がいかに努力して論文を書き上げたかが記されている。ただ、まわりの友人たちに助けられたことを正直に告白しており、すべてを1人で仕上げたとはいえないかもしれない。

ここで興味深いのは、桑田が盛んに、「野球界では、失敗したら選手を先輩やコーチ、監督が殴ったり、いじめたりすることがある」と語り、まちがった野球道を批判していることだ。

第4章で大越基のケースを取り上げたが、野球界だけでなくスポーツ界における先輩・後輩のきびしい上下関係は問題にしてよさそうである。たとえば、後輩は道具・荷物運び、ユニフォームの洗濯、球拾いなど、あらゆる下働きをやらされる。これも上下関係の決まりである。体育会系、とくに団体競技は団結を必要とするので、こうしたきびしさは必要だが、体罰やいじめのようなことはあってはいけないのではないだろうか。

2 同志社・立命館のスポーツ優遇策を検証する

「地方分権型」のスポーツ振興策を展開する同志社

スポーツを重視し、スポーツ振興策をとっている西の名門大学、同志社大学を見てみよう。「関関同立」（関西学院大学、関西大学、同志社大学、立命館大学）と呼ばれる関西の有名私大グループの一員である。

同志社大学の場合、あからさまにスポーツ選手を優遇して入学させることに対して、学内に反発がある。それだけに、どのようなスポーツ振興策をとるのかについて、つねに論議の的となっている。

いっぽうで、ラグビー、野球、水泳（シンクロナイズドスイミング）、フェンシングなどは全国でも高い水準を誇っている。実際、オリンピックのメダリスト（フェンシングの太田雄貴、シンクロの奥野史子など）も輩出しており、その伝統を守っていきたいという意向もある。

同志社が2011年度に体育会に配布した補助金の額を見ると、野球とラグビーがともに1000万円、水泳、フェンシング、ヨット、サッカーなどが500万円となっている。高額の補助金を出しているのは、これらの種目が強くなることへの期待の表れだといえる。

ただ、これだけの補助金をもらうためには、同志社の場合、関西の大学リーグにおいて2年に1回は優勝か準優勝することが条件となっている。監督、コーチ、選手にとっては、けっこうたいへんである。

同志社で興味深いのは、スポーツが強くなることで、応援などを通じて、学生、教職員、卒業生の連帯感が高まるとともに、大学の名前も有名になると信じて、スポーツを重視している点だ。

そのために、教職員と卒業生にアンケートを配布し、同志社を代表するスポーツは何かを尋ね、上位にランクされた種目を重点的に支援している。アンケート結果を見ると、1位はラグビー、2位は野球であった。すでに述べたように、全国大学ラグビーフットボール選手権大会3連覇という栄光の記憶が生々しいため、ラグビーへの期待は大きい。

ただ、最近は、1つの課題を抱えている。高校ラグビーの強豪校は関西に多い（たとえば、東海大学付属仰星高校、常翔啓光学園高校、伏見工業など）が、そうした高校の有力選手が関東の大学に進学するようになり、必然的に関西の大学ラグビー部が弱くなったことだ。学生にすれば、たとえばラグビーの早明戦にあこがれるのである。また、関東学院大学や帝京大学といった強豪大学が関西の有望な選手を引っ張っていることも影響している。

大学ラグビーの東京一極集中という課題に、同志社をはじめ関西の大学が今後どう対応するか、興味がもたれるところだ。

さて、同志社大学では、スポーツに秀でた学生をどのような選考過程を経て入学させるかは、各学部の独自性にまかされている。スポーツ選抜入試を設けて、書類選考、小論文、面接で決めている学部もあれば、別の学部は指定校からの推薦を重視して、スポーツや文化部門で優れた学生を入学させている。

同志社の場合、推薦入学であっても、授業料の免除や寮費の支給といった特典を与えないのが誇りである。スポーツに秀でた学生を経済的に優遇するよりも、入試の成績がトップクラスの学生や、学業優秀者を経済的に優遇するほうが自然という教育方針である。

そうしたなかで、同志社大学でも早稲田大学に倣って、2008年度にスポーツ健康科学部を創設し、スポーツと健康関連科目の指導に取り組んでいる。この学部にスポーツ関連の学生を入学させるのは当然であり、ほかの学部におけるスポーツ優遇策よりも、この学部の優遇の程度はかなり高い。具体的には、書類選考、小論文、面接によって、優秀な競技成績をあげた学生をかなりの人数、入学させている。

ここで、同志社大学出身のスポーツ選手のなかで、ユニークな2人を紹介しておこう。

1人は、野球の杉浦正則である。和歌山県の橋本高校から同志社大学商学部に進み、野球部では投手として活躍した。同学年だった立命館大学の長谷川滋利《しげとし》（のちにオリックス→メジャーリーグへ移籍）とともに同立戦（同志社大学と立命館大学の対抗戦。関西では有名だが、全国的には早慶戦ほどの知名度はない）を盛り上げた。

杉浦の特異な点は、たびたびプロ野球から誘われたものの、実業団（日本生命）に徹してプロには入らなかったことである。オリンピックで優勝することが目標であり、プロの世界は眼中になかった。プロの世界も絶賛するほどの実力の持ち主であったが、アマチュアリズムを貫き通した、尊敬に値する人物である。

もう1人は、サッカーの宮本恒靖である。ガンバ大阪、ヴィッセル神戸などで活躍したプロのサッカー選手だが、ガンバ大阪時代に同志社大学経済学部に進んで勉学にも励んでいる。まさに文武両道の人である。ただし同志社ではサッカーをしなかった。頭のよさと統率力には目を見張るものがあり、日本代表チームでキャプテンを務めたほどであった。

宮本はまた、語学も得意で、2004年のアジアカップ準々決勝でのPK戦が思い出される。宮本はレフェリーに、ペナルティキックを蹴る足場が雨の影響で不安定なので、別のサイドを使うべきだと英語で抗議し、サイドの変更に成功した。しかも、これが功を奏して、日本は逆転勝利を収めたのである。宮本の英語力が勝利を呼び込んだのだ。

「中央集権型」のスポーツ優遇策をとる立命館

関西で同志社大学とライバル関係にある立命館大学。この大学のスポーツ優遇策の特色は、同志社のように各学部が独自の方法でスポーツ選手を受け入れるのではなく、大学当局がスポーツに優れた200人前後の学生を選出し、各学部に振り分けるというかたちをとっていることだ。

同志社大学が地方分権であるのに対し、立命館大学は中央集権といってもよい。ついでながら、立命館大学にもスポーツ健康科学部があるが、ほかの大学とそれほど大きな差はないので、ここでは述べずにおく。

ここで、立命館大学出身のプロ野球選手を2人取り上げておこう。この2人の活躍は際立っており、また頭のよさも共通している。

その2人とは、ヤクルトの選手、監督だった古田敦也と、オリックスからメジャーリーグへ移籍した長谷川滋利である。古田は捕手、長谷川は投手として、立命館大学の野球部でともに主力選手として人気があった。文武両道の見本でもあるので、立命館大学では「立命館に行ってよかった」という新聞の全面広告にこの2人の全身写真を使ったことがある。

古田には、眼鏡をめぐって数々の逸話がある。兵庫県の公立高校から同志社大学野球部のセレクションを受けたが、「眼鏡をかけている」という理由ではねられている。同じことがドラフトのときにも起きた。眼鏡を理由に、阪神が古田を指名しなかったというのである。野球界では、眼鏡をかけている捕手はいいプレーヤーになれない、と信じられていたためだ。

大学卒業後、古田はトヨタ自動車に入社する。都市対抗野球で活躍し、1989年のドラフト会議でヤクルトから2位指名される。当時のヤクルト監督で名捕手と謳《うた》われた野村克也も、古田の眼鏡を気にしたとされている。

しかし、野村監督の指導よろしきを得て、古田は正捕手として成長し、好守、好打、強肩の3拍子そろった名捕手となる。歴代の日本の捕手のなかでもトップクラスに入るといっていい。捕手は投手の配球や試合の流れを決める役割があるので、頭のいい人ほど成功するといわれている。

古田の優秀さと指導力は、日本プロ野球選手会会長のときに発揮された。近鉄の解散を発端にプロ野球の再編問題が噴出し、選手が公式試合をボイコットする事件が起きた。このとき古田は、日本プロ野球選手会を代表して球団経営側との団体交渉に臨んでいる。そして、困難な交渉を乗り越えてストライキを解決に導くのだが、これを見ても古田の優れた仕事ぶりがわかる。

すでに述べたように、長谷川は同立戦で杉浦と投げ合い、プロ1年目に最優秀新人賞を受賞し、オールスターゲームにも出場するほどの一流選手であった。感心するのは、彼の英語力と、野球解説時の話の進め方に論理性が高いこと、そして話題の豊富さである。彼は『メジャーリーグで覚えた僕の英語勉強法』(幻冬舎)という英語に関する本を出版しているし、そのほかにも数冊の著書がある才人である。

メジャーリーグで選手として活躍している日本人は多いが、コーチや監督はまだ出現していない。思考力と英語力に長《た》け、メジャーリーグでのキャリア終了後もアメリカに住みつづけている長谷川が、日本人第1号のコーチ、監督になることをひそかに期待している。

なお、同志社大学と立命館大学については、『京都三大学 京大・同志社・立命館』(橘木俊詔著、岩波書店)を参照していただきたい。

3 高校のスポーツ優遇策は奨励できるか

なぜ日本人は高校野球に熱中するのか

早稲田大学が積極的にスポーツ振興策を展開するなかで、それが多くの大学にも普及しつつあることを見てきたが、高校でもスポーツ選手を優遇するケースがふえている。たとえば、高校の場合、特待生制度によってスポーツに優れた学生を優先的に入学させたり、授業料や寮費の免除という経済的な恩典を提供してスポーツ選手を入部させたりしている。ここでは、そうした制度が普及するようになった理由と、その是非について考えてみたい。

戦前の旧制中学、戦後の新制高校の野球少年にとって、甲子園大会に出場することは、夢のまた夢である。とくに夏の大会はきびしい地区予選を勝ち抜かなければならないから、選手は猛練習を重ねて甲子園行きをめざす。春の大会は選抜大会のためやや趣《おもむ》きは異なるが、前年秋の地区大会で好成績をあげなければならないので、やはり猛練習が必要となる。

なぜ、高校野球がこれだけ人気を博し、論議の的になるのだろうか。それにはさまざまな理由が考えられる。

まず、国民がもっとも関心を寄せるスポーツといえば、昔からずっと野球である。だから、新聞やテレビも、野球について大きく報道する。高校球児もその家族も、メディアで注目されることにそれほど抵抗感がない。甲子園で優勝すれば、それこそ英雄扱いである。

地域の代表として出場するから、野球とは縁のない住民までもが、〝おらが地域の学校〟として応援してくれる。地縁を大切にしてきた日本人の風習が生かされる場が、高校野球なのである。

日本じゅうの人たちが見ているなかで、そしてプロ野球のスカウトも見ているなかでプレーし、すばらしい選手であると認められれば、プロ入りの可能性がかなり高まる。たとえプロにスカウトされなくても、実力を示せば大学の野球部、あるいは社会人野球からの勧誘もありうるので、高校球児は否が応でもがんばろうとするのである。

プロ野球に進むことなど考えもしない高校球児も、勝負に勝つことは喜びにつながるので、必死に試合に臨むし、大いに練習して勝とうと努力する。ピッチャーゴロでも全力で走る。

日本人はこうした必死さに感動するので、高校野球を応援するのである。

1948（昭和23）年、甲子園大会の名称が、全国中等学校優勝野球大会から全国高等学校野球選手権大会に変更された。第2章でも述べたが、戦前の大会参加校や野球強豪校は、公立か私立かを問わず、また普通中学か実業中学かを問わず、進学校がかなり目立っていた。

たとえば、1948年の甲子園大会には、『甲子園の光と陰』（酒井治郎著、郁朋社）によれば、奥羽地方の青森高校、北関東の前橋高校、東海の静岡高校、三岐《さんぎ》（三重県と岐阜県）の岐阜高校、大阪の天王寺高校、福岡の小倉高校、和歌山の桐蔭高校など、戦前からの学業優秀校が数多く出場していた。この時代、ふつうの公立高校が多かったということは、野球の水準はそう高くはなかったと想像できる。

戦後から1950年代、60年代にかけては、次ページの図からもわかるように、甲子園に出場する公立普通高校の数が減少し、商業科、工業科の公立職業高校が増加している。とくに商業高校が強豪校として君臨する時代となる。

たとえば、松山商業、静岡商業、中京商業、県立岐阜商業、広島商業、徳島商業、銚子商業などの名前があげられる。公立の商業高校がなぜ野球に強いのかについては、すでに第2章で述べた。

夏の甲子園大会出場校数の変化

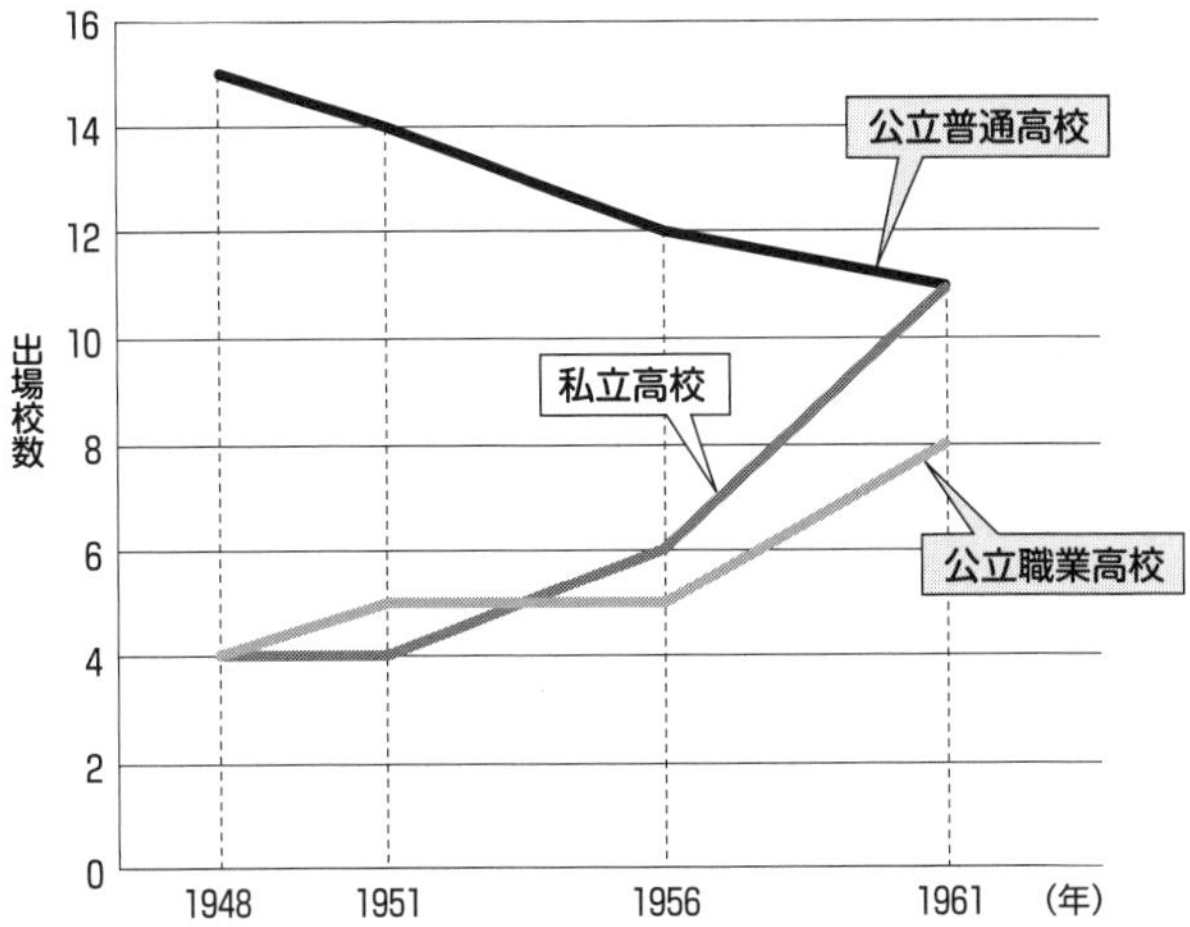

　私立の野球強豪校が増加したことは第2章の106〜107ページの表からも明らかだが、1970年代以降はそれがますます顕著になっている。最近ではそれが常識となり、甲子園に出たいのなら私立高校、という流れが定着した。

　たとえば、1990〜2012年に甲子園大会で優勝ないし準優勝した延べ46校のうち、公立高校は沖縄水産高校、佐賀商業、松山商業、熊本工業、佐賀北高校の5校である。

　2001〜10年の10年間に限定すれば、延べ20校のうち、公立高校は佐賀北高校のみである。甲子園に出場する強豪高校は圧倒的に私立高校が多くなった。

私立高校の絶対使命は野球部を強くすること!?

高校野球では、公立高校の退潮と私立高校の台頭が顕著になったが、それは一部の私立高校が野球部を強くすることに熱心になったことが大きい。日本じゅうが高い関心をもって注視するなか、甲子園大会で活躍すれば、学校の名前があっというまに有名になるからだ。

有名校になれば、教職員、生徒、卒業生のあいだで一体感が高まる。志望者がふえる可能性があるので、学校経営にもメリットがある。公立と違って私立の場合は、当然のことながら教育方針の自由度が高いので野球重視の方針を採用しやすい。

では、具体的に、どのような方策を用いて強豪校になったのだろうか。

第1に、中学校や少年野球クラブ、ボーイズクラブなどで有望な選手をスカウトする風習が定着した。

第2に、有望な選手への勧誘が、高校の周辺に居住する生徒だけでなく、遠隔地に居住する生徒に対しても行われるようになった。

たとえば、ひと昔前の例では、鹿児島県の福留孝介が大阪府のPL学園へ進んでいる（のちに中日からメジャーリーグへ移籍）。最近の例では、兵庫県の坂本勇人が青森県の光星学院（のちに巨人に入団）へ、同じく田中将大が北海道の駒澤大学附属苫小牧高校へ進んでいる。

なお、次ページの表は、夏の甲子園大会において何人くらいの野球留学生がいるかを、『高校野球はこれでいいのか』（砂川守一著、近代文藝社）から引用した表である。

第3に、優秀な野球選手を入学させるために、学費を免除し、寮費を負担する高校がある。これは「特待生制度」と呼ばれるもので、あとで論じることにする。

野球留学の最大の目的は、野球の強い高校に入ることだが、前出の『甲子園の光と陰』が強調するように、夏の甲子園大会が1県1校制になったため、予選を突破しやすい県（たとえば、予選参加校の少ない県）に、東京、神奈川、大阪、兵庫といった参加校の多い激戦区から野球留学をするというのが、もう1つの特色である。

野球の強い学校に入って猛特訓を受け、甲子園大会に出場し、そこで優れた選手として認められれば、プロ野球への道が開かれる。もとより甲子園大会に出場しなくとも、プロ野球のスカウトは全国を隈《くま》なく歩いているので、特段に優れた選手がいれば目につくだろう。だが、甲子園に出場したほうが、より高い確率でスカウトの目にとまるから、野球の強い高校に入るほうが有利である。

ここでもう一度、第1章の43～44ページの表を見ていただきたい。全体としていえるのは、

夏の甲子園大会出場校における野球留学生の数

年度	公立・私立	出場校	留学生受け入れ校	留学生数	
1985	公	26	3	9	71人
	私	23	16	62	
1986	公	28	2	2	82人
	私	21	18	80	
1987	公	25	2	4	90人
	私	24	16	86	
1988	公	28	3	5	101人
	私	21	19	96	
1989	公	21	1	1	78人
	私	28	20	77	
1990	公	24	3	6	80人
	私	25	17	74	
1991	公	23	6	9	92人
	私	26	20	83	
1992	公	16	1	2	165人
	私	33	27	163	
1993	公	18	5	5	73人
	私	31	19	68	
1994	公	25	4	5	100人
	私	24	17	95	

出所）砂川守一『高校野球はこれでいいのか』（近代文藝社）

私立高校の比率が非常に高いということだ。数字では示していないが、最近に限定すれば、私立高校がほとんどだといっても過言ではない。強豪の私立高校からプロ野球へという道筋が、はっきり確認できる。

たとえば、大阪では最近、大阪桐蔭高校、履正社《りせいしゃ》高校、金光《こんこう》大阪高校といった新しい顔ぶれが甲子園で目立つようになっている。とくに大阪桐蔭の活躍はめざましい。『怪物たちの甲子園物語』（小関順二著、廣済堂文庫）によると、PL学園が緻密な組織立ったチームプレーを前面に出してくるのに対して、大阪桐蔭は選手の個性を伸ばして個々の力に頼る傾向が強い。

たしかに、大阪桐蔭の卒業生には、スピードの速い球を投げる辻内崇伸（巨人、投手）、2011年から採用された〝飛ばないボール〟でも1人だけホームランを打ちつづけた中村剛也《たけや》（西武、内野手）、やんちゃ坊主ながら大器の片鱗《へんりん》を見せる中田翔（日本ハム、内野手）など個性派が多い。

いっぽう、東の神奈川県では、1949（昭和24）年に進学校である湘南高校が優勝したことはあったが、その後はほかの県と同じように私立が強くなり、法政二高や東海大相模などが強豪校となっていった。横浜高校が強くなるのはそのあとである。

横浜高校は1998年に怪物投手、松坂大輔を擁して春・夏の甲子園を続けて制す。それまでの高校野球は西日本勢が強く、東日本勢は弱い西高東低であったが、横浜高校を象徴として、このころから東日本勢も強くなっていった。

なお、「大輔」という名前は、彼の母親が荒木大輔（早稲田実業→ヤクルト→横浜）のファンだったことから名づけられたものである。松坂は高速のストレートと巧みなスライダーなどの変化球、そしてコントロールのよさで高校随一の投手であった。怪物、江川卓（作新学院→法政大学→巨人）の2代目とも呼ばれた。1998年のドラフト会議で西武の1位指名を受けて入団し、その後、メジャーリーグに移籍してしばらくは活躍したが、肩を痛めるようになって不調が続いている。高校時代の酷使が原因といわれている。

特待生制度で選手を囲い込むことの弊害

素質のある野球選手を集めるために、高校側は特待生制度を設けているが、高野連（日本高校野球連盟）の2007年の調査によると、全国の高校で7920人の特待生がいたことがわかっている。50人以上いた学校が19校もあり、1学年平均で7人という調査結果であった。

野球部を強くするためにこれほど大胆な制度を採用しているわけだが、さすがにこれはやりすぎではないかということになり、1学年5人以内とする案が導入された。これによって数は減ったが、この内規を厳密に適用するのは困難なので、実態は不透明である。ちなみに、2011年の甲子園大会では、特待生制度を採用している高校が31校出場している。出場校の半数以上がこれに該当しているわけで、野球部を強くするには特待生などの優遇策が必要なのであろう。

特待生制度のどこに問題があるのだろうか。

第1に、高校野球部の監督、斡旋《あっせん》する少年野球の指導者、ときには親族まで加わって、金銭の授受などが行われている疑惑もあり、教育の世界にはふさわしくないという大方の合意がある。したがって、これが明るみに出たときは、高野連は厳罰で臨むことを宣言している。

第2に、入学試験は本来、公平になされるべきである。野球などの〝一芸〟で簡単に入学する生徒のために、学力試験で合格できるはずの受験生が不合格になる可能性がある。この不公平さについては、取手二高、常総学院の名監督だった木内幸男氏がインタビューで述べていることでもある。しかし、高校卒業後、大学への入学段階では、すでに大学でのスポーツ優遇策で採用されていることなので、高校入学の段階での不公平さだけを批判するのは困難である。

第3に、高校野球の全国大会は、〝おらが地域の高校〟が出場するからこそ、地元を含めた多くの人たちが関心をもって応援してくれるものである。それが野球留学という特待生が中心となると、地元の人びとは応援意識が薄れるかもしれない。地元の高校生のなかにも同じ気持ちを抱く人がいるかもしれない。

ちなみに、2011年の夏の大会の準優勝校である光星学院は、出場18人のメンバーのうち、なんと10人が大阪府出身であった。青森県の人たちのなかには、素直に同校を応援できなかった人がいることも考えられる。

第4に、野球留学や特待生制度は、野球を強くしたい、勝ちたいという選手と学校の希望を満足させるために誕生したものである。これを「勝利至上主義」と称してもいいが、学生スポーツにはふさわしくないのではないか、という考え方が根強くある。

というのも、学生スポーツは教育の一環であるし、あくまでも学業が中心にあるべきで、スポーツは課外活動の1つとして、体力強化と組織における人格形成の場という解釈である。少なくともプロスポーツが本格的に開花する以前の日本では、こうした考え方は支持されていたし、現実にも実践されていた。

ただ、スポーツをやる人の必然の心情として、勝利への欲望は決して弱くはないので、「勝利至上主義」を完全に否定することは困難である。

以上、4つの点に関して、野球留学、特待生制度のもつ弊害《へいがい》を述べたうえで、それぞれに関するコメントを同時に書いてきた。これらを踏まえたうえでの結論は、スポーツは今日の社会で意義を高めているし、高校進学率が95パーセントを超えていて、すべての高校生に学問だけを求める時代でもないので、スポーツ重視の学校や学科があってもいい。また、たとえばサッカー、ラグビー、バレーボール、卓球などでも特待生制度は存在しているので、野球だけ特待生制度を排除するのは不公平であろう。

1つ重要なことは、スポーツを専攻しても、プロの世界に進める生徒や、スポーツで大学に進学できる生徒は非常にかぎられている。したがって、そういう世界に進めない生徒のために、別の仕事につけるような職業訓練、あるいは大学においてスポーツ専攻以外の学科に進学できるような教育を施しておく必要がある。

これを簡単な言葉で表現すれば、「スポーツしかできない生徒を卒業させるな」ということになる。

おわりに

スポーツの世界において、学歴は重要な変数かと問われれば、本書での解答は「Ｙｅｓ」である。中卒よりも高卒、高卒よりも大卒というように、上の学校を卒業したほうが有利だからである。さらに、どの学校を卒業したかも、ウエートが高い。これは、学業の名門校にも、スポーツの名門校にも当てはまる。とくにプロ選手として活躍している人には、スポーツの名門校出身者が目立つ。

もちろん多くの場合、スポーツの世界では個人の実績がとことん評価されるため、どの学校を卒業したかは、ほとんど関係がない。あえていえば、スポーツの名門校で受けた訓練が、その人の基礎体力や基礎技術の向上に役立ってはいるかもしれない。

むしろ、学歴が意義をもつのは、学校、企業、プロにおけるスポーツのキャリアを終えて、指導者になるとか、スポーツ以外の世界で働こうとするときである。これは、企業や官庁において学歴が果たす役割と同じだといえる。経済学の理論がここでも生きていることを知ることができた。

また、「同じ釜の飯を食う」という言葉に代表されるように、同じ学校を出ていることとの引きがかなり強いことも付言しておこう。現代風にいえば、ヒューマンネットワークが生きている。学生時代に同じスポーツの部活で苦しい練習に耐え、勝利と敗戦で喜びと悲しみを共有した仲間、先輩、後輩の間柄という意識が、卒業後も続くのである。

本書の執筆にさいして、学校関係者、スポーツ選手などにインタビューを重ねた。インタビューに応じていただいた方がたのお名前は控えるが、いろいろご教示いただいたことに感謝したい。さらに、本書の出版を可能とし、かつ有益な編集作業を行っていただいたＰＨＰ研究所新書出版部の林知輝氏にも感謝したい。

最後に、著者２人は京都大学時代の師弟関係にあるが、２人で会うときは、学問よりも趣味のスポーツのことを話す時間のほうが長い間柄である。スポーツ熱愛者にすぎない著者の手になる本書に対する批判は覚悟しているが、教育・労働に関する学識がスポーツ選手のキャリアを考えるうえでも役立つことをわかっていただければ幸いである。

二〇一二年十月

橘木俊詔
齋藤隆志

参考文献

生島淳『駅伝がマラソンをダメにした』（光文社新書、2005年）
石井紘人「大学サッカーインサイドレポート 大学経由がＪの熱視線を浴びるわけ」（「週刊サッカーダイジェスト」2009年3月3日号、日本スポーツ企画出版社）
泉直樹『ドラフト下位指名ならプロへ行くな！——データで読むプロ野球で成功するための条件』（実業之日本社、2008年）
伊藤智義『栄光なき天才たち——白球に賭けた若者たち・東大野球部』（集英社ヤングジャンプコミックス）
梅崎修「成績・クラブ活動と就職——新規大卒市場におけるＯＢネットワークの利用」（松繁寿和編著『大学教育効果の実証分析——ある国立大学卒業生たちのその後』日本評論社、2004年）
大阪商工会議所『若手社員の「仕事に必要な能力」と能力形成に役立つ「学生時代の学び・経験」について』（2004年）
大竹文雄・大日康史「プロ野球『名監督とチーム』」（「週刊東洋経済」1992年10月3日号、東洋経済新報社）
大竹文雄・佐々木勝「スポーツ活動と昇進」（「日本労働研究雑誌」2009年6月号、労働政策研究・研修機構）
大橋勇雄「会社のなかの学歴社会」（橘木俊詔・連合総合生活開発研究所編『「昇進」の経済学——なにが「出世」を決めるのか』東洋経済新報社、1995年）
岡野俊一郎『雲を抜けて、太陽へ！——世界へ飛躍する日本サッカーとともに』（東京新聞出版局、2009年）
奥島孝康『早稲田大学 新世紀への挑戦——原点は「現世を忘れぬ久遠の理想」』（東洋経済新報社、2001年）
荻野勝彦「企業スポーツと人事労務管理」（「日本労働研究雑誌」2007年7月号、労働政策研究・研修機構）
川淵三郎『「Ｊ」の履歴書——日本サッカーとともに』（日本経済新聞出版社、2009年）
マーティ・キーナート『文武両道、日本になし——世界の秀才アスリートと日本のど根性スポーツマン』（加賀山卓朗訳、早川書房、2003年）
菊田康彦「『元二流』vs.『元スター』——メジャーと日本で異なる監督像」（「sportsnavi」2011年7月19日）
菊谷匡祐『早慶戦の百年——学生野球讃歌』（集英社新書、2003年）

清滝ふみ・熊谷礼子「人事の経済学：昇進のインセンティブ効果とピーターの法則」（伊藤秀史・小佐野広編著『インセンティブ設計の経済学――契約理論の応用分析』勁草書房、2003年）
久万俊二郎「私とタイガースの18年」（「Number」2003年9月18日号、文藝春秋）
桑田真澄・平田竹男『野球を学問する』（新潮社、2010年）
小関順二『怪物たちの甲子園物語』（廣済堂文庫、2008年）
後藤健生『日本サッカー史・資料編――日本代表の90年』（双葉社、2007年）
後藤健生「後藤健生コラム 地方校も勝ち進む大学サッカーの現状と将来像」（「J SPORTS Web」2010年12月29日）
五島祐治郎『大学サッカーの断想――関東・関西の大学サッカー文化を中心に』（晃洋書房、2009年）
酒井治郎『甲子園の光と陰――高校野球への提言』（郁朋社、2010年）
ジーコ「監督～学歴と知識」（「ジーコの主張」2006年10月20日）
篠田潤子「プロ野球選手の引退後を分かつ変数(1)：監督・コーチ就任のための説明変数」（「慶應義塾大学大学院社会学研究科紀要」第56号、2003年）
鈴木友也「大学バスケ優勝チームが受けた、『学業不振』による厳罰」（「日経ビジネスオンライン 鈴木友也の米国スポーツビジネス最前線」2011年6月2日）
砂川守一『高校野球はこれでいいのか――球史八十年の物知り帖』（近代文藝社、1995年）
高瀬毅「過熱する大学スポーツの功罪」（「週刊エコノミスト」2011年1月11日号、毎日新聞社）
髙橋潔「Ｊリーガーがピッチを去るということ」（髙橋潔編著『Ｊリーグの行動科学――リーダーシップとキャリアのための教訓』白桃書房、2010年）
髙橋潔「勝利へのインセンティブ」（髙橋潔編著『Ｊリーグの行動科学――リーダーシップとキャリアのための教訓』白桃書房、2010年）
橘木俊詔「役員への途と役員の役割」（橘木俊詔・連合総合生活開発研究所編『「昇進」の経済学――なにが「出世」を決めるのか』東洋経済新報社、1995年）
橘木俊詔『企業福祉の終焉――格差の時代にどう対応すべきか』（中公新書、2005年）
橘木俊詔「プロ野球と労働市場」（「日本労働研究雑誌」2005年4月号、労働政策研究・研修機構）
橘木俊詔『早稲田と慶応――名門私大の栄光と影』（講談社現代新書、2008年）
橘木俊詔『東京大学 エリート養成機関の盛衰』（岩波書店、2009年）

橘木俊詔『灘校――なぜ「日本一」であり続けるのか』(光文社新書、2010年)
橘木俊詔『いま、働くということ』(ミネルヴァ書房、2011年)
橘木俊詔『京都三大学 京大・同志社・立命館――東大・早慶への対抗』(岩波書店、2011年)
橘木俊詔『三商大 東京・大阪・神戸――日本のビジネス教育の源流』(岩波書店、2012年)
橘木俊詔・松浦司『学歴格差の経済学』(勁草書房、2009年)
橘木俊詔・八木匡『教育と格差――なぜ人はブランド校を目指すのか』(日本評論社、2009年)
東原文郎・中澤篤史・寒川恒夫「〈体育会系〉就職の起源に関する社会史的研究」(「日本体育学会第58回大会予稿集」2007年9月5日)
寺田辰朗「〝高卒選手＋大卒選手〟がトヨタ自動車勝利の方程式」(TBSテレビ「ヤマザキ新春スポーツスペシャル『ニューイヤー駅伝2012』」2011年12月29日)
東洋経済新報社「スポーツ界で影響力増す『ワセダ閥』 他大学も人材育成へ猛チャージ！」(「週刊東洋経済」2008年1月26日号、東洋経済新報社)
中島隆信『大相撲の経済学』(ちくま文庫、2008年)
中村哲也「明治後期における『一高野球』像の再検討――一高内外の教育をめぐる状況に着目して」(一橋大学機関リポジトリ「HERMES-IR」、2009年)
中山悌一『プロ野球選手のデータ分析』(ブックハウスHD、2011年)
沼田久「野球部百年史」(『小樽商科大学百年史』小樽商科大学、2011年)
長谷川滋利『メジャーリーグで覚えた僕の英語勉強法』(幻冬舎、2001年)
樋口美雄「大学教育と所得分配」(石川経夫編『日本の所得と富の分配』東京大学出版会、1994年)
ローレンス・J・ピーター、レイモンド・ハル『ピーターの法則』(渡辺伸也訳、ダイヤモンド社、2003年)
福田正博「フォーメーション進化論 大卒FW・田中順也が示す、日本サッカーの育成の現在地」(「web Sportiva」2011年9月12日)
別冊宝島編集部編『パ・リーグ ドラフト1位のその後』(宝島社、2012年)
松繁寿和「英語力と昇進・所得――イングリッシュ・ディバイドは生じているか」(松繁寿和編著『大学教育効果の実証分析――ある国立大学卒業生たちのその後』日本評論社、2004年)
松繁寿和「体育会系の能力」(「日本労働研究雑誌」2005年4月号、労働政策研究・研修機構)
美山和也・加藤慶・田口元義『プロ野球「戦力外通告」――終わらない挑戦

編』(洋泉社・新書y、2011年)
柳沢敏勝「大学体育会の役割、専門能力磨く『正課外教育』」(「日本経済新聞」2009年10月12日付)
湯浅健二『サッカー監督という仕事』(新潮文庫、2004年)
吉村憲文「復活!大学サッカー 第1回 その衰退と復活の足音」(「ウェブマガジンsfen」2007年7月25日)
Grayson, J. Paul "Who Gets Jobs? Initial Labour Market Experience of York Graduates", Working Paper, York University, Institute for Social Research.1997.
Rooth, Dan-Olof "Work out or out of work: The labor market return to physical fitness and leisure sport activities", Labour Economics. 2011;Vol.18(3), pp.399-409.

〈データ出所〉

日刊スポーツ「過去のドラフト」(http://www.nikkansports.com/baseball/professional/draft/2011/history/top-history.html)
ラグビートップリーグ『2011年選手名鑑』(http://www.top-league.jp/)
『ニューイヤー駅伝2012 inぐんま 公式ガイドブック』(毎日新聞社)
『Jリーグオフィシャル・ファンズ・ガイド2011』(日本プロサッカーリーグ、2011年)
日本野球連盟『都市対抗野球大会60年史』(毎日新聞社、1990年)
「甲子園」各年度版(「週刊朝日」増刊、朝日新聞出版)
『東京大学野球部90年史』(2012年)
「都市対抗野球公式ガイドブック」各年度版(「サンデー毎日」増刊、毎日新聞社)
セットポジション「都市対抗監督勝利数(69~07年)」(http://set333.net/sya17kanntoku.html)
セットポジション「選手権大会出場校監督の出身大学(91~08年)」(http://set333.net/koukou05kanntoku.html)
「球道 王貞治の野球人生 第6部」(「毎日jp」2011年3月4日)
「工藤氏が『指導者のライセンス制』訴え」(「SANSPO.com」2011年11月29日)

橘木俊詔［たちばなき・としあき］

1943年兵庫県生まれ。小樽商科大学商学部卒業、大阪大学大学院修士課程修了、ジョンズ・ホプキンス大学大学院博士課程修了（Ph.D.）。仏米英独での研究職・教育職を経て京都大学教授。現在、同志社大学経済学部教授、京都大学名誉教授。専門は労働経済学。日本の格差社会の実態を経済学の立場から分析、多くの著作を発表している。おもな著書に『格差社会』『日本の教育格差』（以上、岩波新書）、『灘校』（光文社新書）、『いま、働くということ』（ミネルヴァ書房）、『無縁社会の正体』（ＰＨＰ研究所）など多数ある。

齋藤隆志［さいとう・たかし］

1976年宮城県生まれ。京都大学経済学部卒業。大学院では橘木教授に師事し、博士（経済学）取得。専門は労働経済学、企業経済学。京都大学経済研究所、早稲田大学高等研究所を経て、現在、九州国際大学准教授。

スポーツの世界は学歴社会

(PHP新書832)

二〇一二年十一月二十九日　第一版第一刷

著者――橘木俊詔／齋藤隆志
発行者――小林成彦
発行所――株式会社PHP研究所
東京本部――〒102-8331　千代田区一番町21
新書出版部　☎03-3239-6298（編集）
普及一部　☎03-3239-6233（販売）
京都本部――〒601-8411　京都市南区西九条北ノ内町11
制作協力――月岡廣吉郎
装幀者――芦澤泰偉＋児崎雅淑
印刷所
製本所――図書印刷株式会社

落丁・乱丁本の場合は弊社制作管理部（☎03-3239-6226）へご連絡下さい。送料弊社負担にてお取り替えいたします。
ISBN978-4-569-80868-0

PHP新書
PHP INTERFACE
http://www.php.co.jp/

ＰＨＰ新書刊行にあたって

「繁栄を通じて平和と幸福を」（PEACE and HAPPINESS through PROSPERITY）の願いのもと、ＰＨＰ研究所が創設されて今年で五十周年を迎えます。その歩みは、日本人が先の戦争を乗り越え、並々ならぬ努力を続けて、今日の繁栄を築き上げてきた軌跡に重なります。

しかし、平和で豊かな生活を手にした現在、多くの日本人は、自分が何のために生きているのか、どのように生きていきたいのかを、見失いつつあるように思われます。そして、その間にも、日本国内や世界のみならず地球規模での大きな変化が日々生起し、解決すべき問題となって私たちのもとに押し寄せてきます。

このような時代に人生の確かな価値を見出し、生きる喜びに満ちあふれた社会を実現するために、いま何が求められているのでしょうか。それは、先達が培ってきた知恵を紡ぎ直すこと、その上で自分たち一人一人がおかれた現実と進むべき未来について丹念に考えていくこと以外にはありません。

その営みは、単なる知識に終わらない深い思索へ、そしてよく生きるための哲学への旅でもあります。弊所が創設五十周年を迎えましたのを機に、ＰＨＰ新書を創刊し、この新たな旅を読者と共に歩んでいきたいと思っています。多くの読者の共感と支援を心よりお願いいたします。

一九九六年十月

ＰＨＰ研究所

PHP新書

［知的技術］

672 地方別・並列日本史 武光 誠
677 イケメン幕末史 小日向えり
679 四字熟語で愉しむ中国史 塚本靑史
704 坂本龍馬と北海道 原口 泉
725 蔣介石が愛した日本 関 榮次
734 謎解き「張作霖爆殺事件」 加藤康男
738 アメリカが畏怖した日本 渡部昇一
740 戦国時代の計略大全 鈴木眞哉
743 日本人はなぜ震災にへこたれないのか 関 裕二
748 詳説〈統帥綱領〉 柘植久慶
755 日本人はなぜ日本のことを知らないのか 竹田恒泰
759 大いなる謎 平清盛 川口素生
761 真田三代 平山 優
776 はじめてのノモンハン事件 森山康平
784 日本古代史を科学する 中田 力
791 『古事記』と壬申の乱 関 裕二
802 後白河上皇「絵巻物」の力で武士に勝った帝 小林泰三

[**思想・哲学**]

032 〈対話〉のない社会 中島義道
058 悲鳴をあげる身体 鷲田清一
083 「弱者」とはだれか 小浜逸郎
086 脳死・クローン・遺伝子治療 加藤尚武
223 不幸論 中島義道
468 「人間嫌い」のルール 中島義道
520 世界をつくった八大聖人 一条真也
555 哲学は人生の役に立つのか 木田 元
596 日本を創った思想家たち 鷲田小彌太
614 やっぱり、人はわかりあえない 中島義道／小浜逸郎
658 オッサンになる人、ならない人 富増章成
682 「肩の荷」をおろして生きる 上田紀行
721 人生をやり直すための哲学 小川仁志
733 吉本隆明と柄谷行人 合田正人
785 中村天風と「六然訓」 合田周平

[**社会・教育**]

117 社会的ジレンマ 山岸俊男
134 社会起業家「よい社会」をつくる人たち 町田洋次
141 無責任の構造 岡本浩一
175 環境問題とは何か 富山和子
324 わが子を名門小学校に入れる法 清水克彦／和田秀樹
335 NPOという生き方 島田 恒
380 貧乏クジ世代 香山リカ
389 効果10倍の〈教える〉技術 吉田新一郎

396 われら戦後世代の「坂の上の雲」 寺島実郎
418 女性の品格 坂東眞理子
495 親の品格 坂東眞理子
504 生活保護vsワーキングプア 大山典宏
515 バカ親、バカ教師にもほどがある
藤原和博／[聞き手]川端裕人
522 プロ法律家のクレーマー対応術 横山雅文
537 ネットいじめ 荻上チキ
546 本質を見抜く力 ――環境・食料・エネルギー
養老孟司／竹村公太郎
558 若者が3年で辞めない会社の法則 本田有明
561 日本人はなぜ環境問題にだまされるのか 武田邦彦
569 高齢者医療難民 吉岡 充／村上正泰
570 地球の目線 竹村真一
577 読まない力 養老孟司
586 理系バカと文系バカ 竹内 薫[著]／嵯峨野功一[構成]
599 共感する脳 有田秀穂
601 オバマのすごさ やるべきことは全てやる！ 岸本裕紀子
602 「勉強しろ」と言わずに子供を勉強させる法 小林公夫
616 「説明責任」とは何か 井之上 喬
618 世界一幸福な国デンマークの暮らし方 千葉忠夫
619 お役所バッシングはやめられない 山本直治
621 コミュニケーション力を引き出す 平田オリザ／蓮行
629 テレビは見てはいけない 苫米地英人
632 あの演説はなぜ人を動かしたのか 川上徹也
633 医療崩壊の真犯人 村上正泰
637 海の色が語る地球環境 功刀正行
641 マグネシウム文明論 矢部 孝／山路達也
642 数字のウソを見破る 中原英臣／佐川 峻
648 7割は課長にさえなれません 城 繁幸
651 平気で冤罪をつくる人たち 井上 薫
652 〈就活〉廃止論 佐藤孝治
654 わが子を算数・数学のできる子にする方法 小出順一
661 友だち不信社会 山脇由貴子
675 中学受験に合格する子の親がしていること 小林公夫
678 世代間格差ってなんだ
城 繁幸／小黒一正／高橋亮平
681 スウェーデンはなぜ強いのか 北岡孝義
687 生み出す力 西澤潤一
692 女性の幸福[仕事編] 坂東眞理子
693 29歳でクビになる人、残る人 菊原智明
694 就活のしきたり 石渡嶺司
706 日本はスウェーデンになるべきか 高岡 望
708 電子出版の未来図 立入勝義

436 高次脳機能障害 橋本圭司
498 「まじめ」をやめれば病気にならない 安保 徹
499 空腹力 石原結實
533 心と体の不調は「歯」が原因だった! 丸橋 賢
551 体温力 石原結實
552 食べ物を変えれば脳が変わる 生田 哲
656 温泉に入ると病気にならない 松田忠徳
669 検診で寿命は延びない 岡田正彦
685 家族のための介護入門 岡田慎一郎
690 合格を勝ち取る睡眠法 遠藤拓郎
691 リハビリテーション入門 橋本圭司
698 病気にならない脳の習慣 生田 哲
712 「がまん」するから老化する 和田秀樹
754 「思考の老化」をどう防ぐか 和田秀樹
756 老いを遅らせる薬 石浦章一
760 「健康食」のウソ 幕内秀夫
770 ボケたくなければ、これを食べなさい 白澤卓二
773 腹7分目は病気にならない 米山公啓
774 知らないと怖い糖尿病の話 宮本正章
788 老人性うつ 和田秀樹
794 日本の医療 この人を見よ 海堂 尊
800 医者になる人に知っておいてほしいこと 渡邊 剛
801 老けたくなければファーストフードを食べるな 山岸昌一
824 青魚を食べれば病気にならない 生田 哲

[**政治・外交**]

318・319 憲法で読むアメリカ史(上・下) 阿川尚之
326 イギリスの情報外交 小谷 賢
413 歴代総理の通信簿 八幡和郎
426 日本人としてこれだけは知っておきたいこと 中西輝政
631 地方議員 佐々木信夫
644 誰も書けなかった国会議員の話 川田龍平
667 アメリカが日本を捨てるとき 古森義久
686 アメリカ・イラン開戦前夜 宮田 律
688 真の保守とは何か 岡崎久彦
729 国家の存亡 関岡英之
745 官僚の責任 古賀茂明
746 ほんとうは強い日本 田母神俊雄
795 防衛戦略とは何か 西村繁樹
807 ほんとうは危ない日本 田母神俊雄
826 迫りくる日中冷戦の時代 中西輝政